德本　穰　著

敵対的企業買収の法理論

九州大学出版会

はしがき

本書は、著者が、九州大学法学部（現九州大学大学院法学研究院）に助手として所属していた平成十年に、九州大学に提出した著者の博士学位論文（標題「敵対的企業買収の法的研究――対抗措置理論による利害調整と解釈論の理論的限界――」）を基に、その後の研究を踏まえ、加筆修正を施し、まとめたものであり、平成一二年度の科学研究費補助金（研究成果公開促進費）の交付を受けて、上梓するものである。

本書の敵対的企業買収というテーマに、著者が初めて接したのは、今から約十年前の平成二年の四月頃であった。当時、九州大学法学部を同年の三月に卒業した著者は、九州大学大学院法学研究科（現九州大学大学院法学研究府）の修士課程に入学し、指導教官であられる森淳二朗教授のもとで、研究生活を始めたばかりであった。当時は、本書でも検討している、タクマ事件、第一次宮入バルブ事件、忠実屋・いなげや事件、第二次宮入バルブ事件等の直後でもあり、わが国において、企業買収という言葉を耳にする機会が次第に増え始めた頃でもあった。しかしながら、一般的には、敵対的企業買収は、わが国においては、まだ、それほど切実な問題としては受け止められていなかった。それから約十年、今日、わが国を取り巻く経済社会の様相は大きく変化し、敵対的企業買収は、わが国においても、ようやく、切実な問題として受け止められるようになってきた。かかる背景には、例えば、今年に入り、ドイツの製薬会社であるベーリンガー・インゲルハイム（ＢＩ）社によるエスエス製薬に対する株式公開買付や、エム・エイ・シー（ＭＡＣ）社による昭栄に対する株式公開買付のように、敵対的とみられる企業買収がわが国において相次いで発生する等、今後、敵対的企業買収がわが国でも増加することが予想されていることがある。こうした時期に、本書を上梓することができたことは、著者にとって、望外の幸せと言わねばならない。

本書が成るにあたっては、実に多くの方々から御指導・御鞭撻を賜った。まず、九州大学大学院法学研究科の修士課程に入学以来、著者の指導教官として、絶えず指導して下さった森淳二朗教授に対し、心より感謝の意を表したい。森淳二朗教授の御指導がなければ、今日、本書が成ることはなかった。敵対的企業買収というテーマが、会社支配という会社法の本質的課題の理論的検討なしには考察しえないことに、目を開かせて下さった先生の学恩に対し、あらためて感謝の意を表する次第である。また、九州大学大学院法学研究院の北川俊光教授、清水巖教授、山本顯治助教授、徐治文助教授からも、大変貴重な御助言をいただいた。ここに、心より感謝の意を表したい。また、著者は、平成五年から平成八年にかけて、米国のイェール大学ロー・スクールにおいて、LL・M・課程大学院生及び客員研究員として、長期に亙り在外研究に従事したが、その際、イェール大学ロー・スクールの Roberta Romano 教授、Henry Hansmann 教授、Alan Schwartz 教授、W. Michael Reisman 教授、イェール大学エコノミック・スクールの浜田宏一教授、イェール大学マネジメント・スクールの Paul W. MacAvoy 教授、Weil, Gotshal & Manges 法律事務所の弁護士で、同マネジメント・スクールの教授でもある Ira Millstein 弁護士、デラウエア州衡平法裁判所の前所長で、現在、ニューヨーク大学ロー・スクールの教授であり、同大学ロー・アンド・ビジネス・センターの所長でもある William T. Allen 教授、Fried, Frank, Harris, Shriver & Jacobson 法律事務所の Stephen Fraidin 弁護士、Max Planck Institut/Hamburg の元研究員で、現在、サンパウロ大学の教授である Calixto Salomão 教授、Cleary Gottlieb/Frankfult 法律事務所の Chryssa J. Papathanassiou 弁護士、当時、西村総合法律事務所におられ、現在、メリル・リンチ日本証券に勤務してある増田英次弁護士の各先生方からも、大変貴重な御助言をいただいた。特に、Roberta Romano 教授からは、米国における法理論の状況について、詳しく御教示をいただいた。また、William T. Allen 教授は、デラウエア州の数多くの企業買収事件を実際に担当された著名な裁判官であるが、同教授からは、米国の判例理論の発展と個々の判例の解釈について、詳しく御教示をいただいた。イェール大学ロー・スクールにおいて在外研究中に、大変お世話になった、これらの先生方に対し、心より感謝の意を表する次第である。また、本書のテーマについて、産業法研究会（九州大学）において報告する機会を得、森淳二朗教授をはじめ多くの会員の先生方から、大変有益な御教示をいただいた。さらに、中央大学法学部の木下毅教授、大内和臣教授、著者の所属する琉球大学法文学部の島袋鉄男教授、中原俊明教授からも、大変有益な御教示をいただいた。これらの先生方に対し、心より感謝の意を表したい。そして、著者が、大学院生及び助手として、九州大学大学院法学研究科や九州大学法学部に所属していた頃から、共に、森淳二朗教授のもとで指導を受けてきた、著者の後輩にあたる、京都産業大学法学部の佐藤誠講師、九州大学大学院法学研究府博士後期課程二年生の田中慎一氏の両氏からも、有益な御助言をいただいた。これら両氏に対しても、心より感謝の意を表する次第である。

本書のテーマである敵対的企業買収は、今日、米国やヨーロッパを中心に、多発しており、それに伴い、法制度、判例理論、学説等の状況(以下、これを法状況とよぶ)も変化してゆくと予想される。著者は、今後とも、これらの法状況をフォローしながら、調査研究を続けてゆきたいと考えている。本書は、基本的に、科学研究費補助金の申請のために本書の原稿を脱稿した、昨年の十月頃までの文献資料を基にしているが、その後、気の付いた新しい事項は、できる限り追加している。本書では、敵対的企業買収における中心的課題である、いわゆる対抗措置の問題に、焦点を合わせて研究しているが、敵対的企業買収というテーマは、問題が非常に多岐にわたり、しかも、法状況も比較的変化しやすい領域である。そのため、思わぬ誤りを犯しているのではないかとおそれるが、意のあるところを御理解いただき、御叱正を賜れれば、著者の幸いとするところである。また、現在、敵対的企業買収は国境を越えて起こり、世界的規模で発生しているが、著者は、今後、こうした国際間企業買収に関わる法的問題についても、調査研究を行ってゆきたいと考えている。幸い、著者は、かかる調査研究に対し、現在、科学研究費補助金（奨励研究（A））と日本証券奨学財団の研究調査助成費の交付を受けており、将来、こうした調査研究についても、その成果を発表したいと希望している。

末筆ではあるが、本書の刊行を快く引き受けて下さった九州大学出版会、そして、本書の刊行を勧めて下さり、常に好意ある御配慮をいただき、校正を含め多くの面で多大な御尽力を賜った、同出版会の藤木雅幸編集長と同編集部の伊藤麻里さんに対し、心より感謝の意を表するものである。

平成一二年八月一八日

徳本　穰

目次

敵対的企業買収の法理論

第一章　序

近年、わが国経済のグローバル化の進展と今日の深刻な経済状況を背景として、企業買収が増加している。そして、こうした企業買収の中には、例えば、一九九九年の初夏に起きた、英国のケーブル・アンド・ワイヤレス（C&W）社による、わが国の国際デジタル通信（IDC）社に対する株式公開買付のように、敵対的とみられる企業買収も存在する。

このように敵対的な企業買収が行われる際(1)、買収者は買収の対象となる会社(以下、単に対象会社とする)を支配すべく、株式の買占めを行う。(2)こうした際、対象会社の経営者(3)により、当該買収を結果として阻止する形で新株の発行（第三者割当増資）が決議されることがある。従来、わが国の判例及び通説は、大部分の場合、このような会社支配の変動を阻止する第三者割当増資も、その他の通常の場合における新株発行と同様に、会社の資金調達を主な目的としてなされるものと評価してきた。(4)そして、そこでは、かかる第三者割当増資の公正性の判断にあたり(商法第二八〇条ノ一〇参照)、対象会社の資金需要の有無がその重要な判断要素として用いられてきた。しかしながら、こうした判例及び通説の判断方法は、果たして、会社支配の変動を阻止する第三者割当増資の場合にも、その公正性の判断基準として、十分合理的に機能しうるのであろうか。

敵対的企業買収が成功し、買収者が、その株式保有を基礎に対象会社に対する支配を取得すると、その影響力行使の結果、例えば、対象会社の従来の経営方針・政策が変更され、対象会社の株主をはじめとする多くの会社利害関係者（債権者、取引先、従業員、あるいは、地域社会一般等：株主以外のこれらの利害関係者は、一般に、ステイクホールダーとよばれる）に影響が及ぶ。その結果、会社の経営が刷新され、その効率性がさらに改良・促進されることもあれば、逆に、それまで優良・健全に経営されていた会社から活力が奪われ、その会社に関わる多くの利害関係者に不利益を生じさせることもある。このことは、近年、大きく変化しつつあるとはいえ、終身雇用や年功賃金等の従業員雇用慣行のとりわけ発達したわが国の社会では、特に重要な意義をもつものと思われる。(5) このように、対象会社に対する支配が買収者へと強制的な形で移転・変動する、敵対的企業買収の実態に着目した場合、対象会社に関わる多くの関係者の利害が直接関わってくることになる。

そこで、かかる点から、本書では、こうした敵対的企業買収の際に対象会社によってなされる、会社支配の変動を阻止する第三者割当増資を、外国法を手掛りに、資金調達の目的でなされるものと評価するのではなく、基本的に、それとは区別された対抗措置として（すなわち、会社の支配をめぐる争いが存する場合に、会社支配の移転・変動を意図的に阻止する目的でなされる対象会社の経営者の行為として）なされるものと位置付けること(6)を考察するものである。(7) そして、もし、このように対抗措置として位置付けることができれば、会社支配の移転・変動の局面における利害を直接的に認識しうるようになり、資金調達目的でなされるとの評価の下では十分に考慮されることのなかった、かかる敵対的企業買収に伴う多くの会社利害関係者の利害を十分に斟酌しうるようになると思われる。そして、その結果、敵対的企業買収の実態に即したより合理的な利害調整が新たに可能になるものと思われる。

もっとも、この点に関し、確かに、取引先、従業員、地域社会一般等の利害は、伝統的には、会社法の直接的保護法益からは外れるため、これらの利益を一切捨象してしまってもよいとする立場もありえよう。しかしながら、これに反し、これらの利益が究極的には会社・株主等の会社法上の直接的保護法益の利益に還元される場合もあるのであり、これらの利益を社会の実態を反映させできる限り斟酌してゆくべきであるとの立場も、外国法を中心に、強く主張されている。そこで、かかる敵対的企業買収に伴う多くの会社利害関係者の利益を斟酌してゆくことが、果たして、伝統的な会社法理論に、法理論上、適合するものであるのか否かにつき、その理論的検討が重要となる。(8) また、そもそも、このように対抗措置として位置付けることは、会社法上いかなる理論的意義を有するのかについても、検討が必要と思われる。(9)

そこで、本書では、以上の点を踏まえながら、こうした対抗措置として位置付けられるべき第三者割当増資の公正性の判断にあたり、いかなる法基準に基づいてその判断が行われるべきか、そうした法基準の内容について、考察を進めてゆく。わが国では、従来、対象会社の経営者が会社の利益と信じたところに従い、敵対的企業買収に対し対抗措置をとりうるか否かをめぐっては、学説上、激しい争いがみられてきた。すなわち、かかる状況における経営者の利益衝突の点やいわゆる会社の機関権限の分配秩序の点（会社の機関権限の分配上、会社の支配は株主の意思決定に基づくとする）からこれを否定する見解（いわゆる機関権限の分配秩序説(10)）と、経営者のいわゆる経営判断の点からこれを肯定する見解（いわゆる経営判断原則説(11)）とが、鋭く対立してきた。そして、機関権限の分配秩序説によれば、対抗措置は、基本的に、すべての場合に法的に否定されるのに対して、経営判断原則説によれば、通常、対抗措置の妥当性ないし合理性に関する客観的かつ実質的な司法審査は行われないことから、対抗措置は、多くの場合に、そのまま法的に肯定されることにつながる。

そこで、本書では、この点に関し、機関権限の分配秩序説や経営判断原則説とは異なり、外国法を手掛りに、対象会社の経営者によりなされる対抗措置をすべての場合にこれを法的に否定し去ることは、経営合理性及び具体的妥当性を欠く面があることから、かかる対抗措置としての第三者割当増資の公正性を適切・妥当に司法審査しうるように（すなわち、そこでは、司法＝裁判所は、かかる司法審査を通して、買収者への対象会社に対する支配の移転・変動の可否を、究極的な意味でスクリーニングする役割を演じることになる）、そのための法基準を解釈論的に確立することができないか否か、まず、そのような解釈論的解決の可能性について検討する。[12] そして、その上で、こうした法基準を解釈論的に確立することは、株主は会社企業の実質的所有者であり、それゆえ、会社を支配しうるとする伝統的な会社法理論を前提とする限り、法理論上は困難であることを、具体的問題点を指摘しながら、明らかにしてゆきたいと考える。[13]

そして、最後に、このような法理論上の困難が生じた原因は、伝統的な会社法理論における会社支配の捉え方に問題があるためではないかと考え、所有権に基礎を置く従来の会社支配概念を新たに捉え直すことにより、[14] こうした伝統的な会社法理論に伴う法理論上の困難を克服し、対抗措置としての第三者割当増資の公正性を適切・妥当に司法審査しうる法基準を確立する可能性が新たに開かれることを、指摘してゆくことにしたい。

そこで、本書では、以上の点を論証してゆくにあたり、アメリカ法及びドイツ法との比較法的考察により、検討を進めてゆく。そして、そこでは、わが国の新株発行に関わる現行法制度が、昭和二五年の商法改正により、アメリカ法にならった法制度となっていることに鑑み、母法国であるアメリカ法の状況を中心に検討を行ってゆく。

判例法が中心的役割を果たすアメリカでは、こうした対抗措置の問題に関し非常に豊富な経験があり、とりわけ一九八五年のデラウエア州最高裁判所による、いわゆるUNOCAL判決[15]の以後ごく最近までの間に、同州を中心として新たな法理論が形成・発展している。[16]そして、そこでは、対抗措置という特定の局面を設定し、合理的な利害調整が図られている。また、アメリカでは、州の制定法においても注目すべき立法がみられる他、ALI（American Law Institute：アメリカ法律協会）からも示唆に富む分析及び勧告がなされている。[17]そこで、かかるアメリカ法の状況を詳細に検討しておくことは、極めて有意義であると思われる。

一方、ドイツ法は、わが国の新株発行に関する現行法制度に類似する、いわゆる認可資本（Genehmigtes Kapital）の制度を有するとはいえ、株主の新株引受権を基本的に法定しており、わが国の法制度とは異なっている。[18]また、敵対的企業買収の事例も稀であり、したがって、こうした対抗措置の事例も限られている。しかしながら、学説の中には、前述した、会社の機関権限の分配秩序の点から対抗措置を否定するわが国における見解の、いわば基礎となった有力な主張[19]がみられる他、ドイツにおける新株引受権の排除に関する法理論を検討しておくことも、この問題を考察するにあたり決して無意義なことではないと思われる。

そこで、以下では、まず、第二章において、日本法の現状を分析するとともに、あわせて、アメリカ法及びドイツ法との比較的検討も部分的に交えながら、その問題点につき指摘してゆくことにする。次に、この日本法における問題点を克服してゆくための手掛りとして、第三章では、アメリカにおける対抗措置の法理論を検討し、第四章では、ドイツにおけるそれを検討してゆく。そして、かかる検討を踏まえた上で、外国法の基本的立場につき明らかにしてゆく。そして、第五章では、外国法の基本的立場に対して考えうる批判論を吟味することにより、こうした外国法を基にわが国における解釈論を展開することの可能性について検討する。そして、第六章では、そのような解釈論の理論的限界につき明らかにしてゆく。そして、最後に、第七章では、本書の立場から日本法の問題点に対して与えうる示唆について、指摘してゆくことにしたい。

冒頭でも述べたように、近年、わが国企業の間における買収に限らず、外国企業によるわが国企業の買収も増加の傾向にあり[20]、今後、それに伴って、敵対的企業買収の事例も増加することが予想される。そこで、今日、敵対的企業買収をめぐるいわゆるグローバル・スタンダードの確立が、求められているといえる。本書における研究が、かかる状況の中で、いささかでも貢献しうることを祈念するものである[21]。

(1) わが国における企業買収は、従来、その多くのものが友好的買収であり、敵対的企業買収は少数にとどまっていた。その理由としては、わが国の社会的・経済的風土が、従来、対決によって問題を処理するというよりは、むしろ協調によって問題を解決することに適していると考えられてきたことや、企業の経営が金融機関、取引先、従業員等との信頼関係を基礎にして行われるため、その信頼関係を脅かすような行為は望ましいものではないと考えられてきたこと、そして、それらとの関連で、わが国においては、いわゆる六大企業グループを典型とする、株式の相互保有に基づく安定株主工作が行われていること等に起因するものと思われる。これらの点を含む、わが国における企業買収の傾向一般については、例えば、『我が国のM&Aの課題』通商産業省編(一九九一年)、日本私法学会商法部会シンポジウム資料「企業買収」商事法務一二五九号二頁等参照。しかしながら、近年、敵対的企業買収をめぐる紛争がわが国の法廷においても次第に争われるようになり、また本文中で述べたケーブル・アンド・ワイヤレス社による国際デジタル通信社に対する株式公開買付の他にも、それより以前の一九八九年にも、アメリカの投資家ブーン・ピケンズ氏による小糸製作所の株式の買占めが行われる等、外国資本による敵対的企業買収もみられるようになってきた。また、その後、経済を取り巻くボーダーレス化や規制の緩和が一段と進む中で、最近では、いわゆる日本版ビッグバンにより、企業買収の一層の活発化が見込まれている。また、さらに、わが国における株式の相互保有についても、近時、その解消の傾向が次第に現れている。そこで、こうした状況の中、今後、わが国の経済社会がより競争的なものへと変化してゆくことが十分に予想されうるし、また、前述の、わが国特有の六大企業グループを典型とした株式相互保有による安定株主工作についても、特にこれらのグループ以外の場合には、株主は必ずしも安定しているとはいい難いと思われる。そのため、わが国においても、敵対的企業買収をめぐる法的問題について、十分にその考察を試みておくことが必要であると思われる。なお、小糸製作所の株式買占めの事例につき、例えば、T. Boone Pickens, Secrets Koito Hoped to Hide by Keeping Me Off Its Board, The Wall Street Journal, March 28, 1990を参照。また、ケーブル・アンド・ワイヤレス社による国際デジタル通信社に対する株式公開買付の事例やいわゆる日本版ビッグバンにつき、各種の報道記事を参照。また、さらに、近時の、わが国における株式持合い解消の動向を報じるものとして、例えば、「株式持ち合い解消の動き」商事法務一四三四号四三頁を参照。なお、本書の脱稿後の二〇〇〇年初頭には、ドイツの製薬会社であるベーリンガー・インゲルハイム（ＢＩ）社による、わが国のエスエス製薬に対する株式公開買付や、エム・エイ・シー（ＭＡＣ）社による、昭栄に対する国内企業間における株式公開買付のような、敵対的とみられる企業買収が発生した。これらの事例につき、各種の報道記事を参照。

（2）　わが国においては、これまでのところ、株式市場を通じた買占めが大部分であり、株式公開買付による買占めは少数に過ぎなかったが、近年、徐々に株式公開買付による買占めも増加してきた。なお、この株式買占めの点に関連して、平成二年の証券取引法改正により、いわゆる五パーセント・ルール（証券取引法第二七条の二三以下）、及び、強制的公開買付制度（証券取引法第二七条の二第一項四号）が、わが国に導入された。そこで、この改正が、今後、わが国における敵対的企業買収の問題にいかなる影響を及ぼしてゆくのか、今後さらに検討を試みてゆく必要があると思われる。

（3）　法制度上、正確には取締役会と表現すべきであるが、本書では、便宜的に、特に不適切でない限り、経営者、経営陣、取締役、取締役会、理事、役員等の用語を併用する。なお、本書では、株式会社、特に公開会社を前提に考察を行う。

（4）　本書の第二章を参照。

（5）　この点に関し、例えば、吉原和志「株主の利益と従業員の利益」判例タイムズ八三九号一六〇頁を参照。

（6）　もっとも、そこで「基本的に」と断っているように、事案によっては、たとえ会社支配の変動を結果的に阻止する第三者割当増資の場合であっても、なお資金調達の目的でなされるものと評価される場合もありうると考える。それは、第二章で詳述するように、裁判所による「各事案毎」の認定の問題に帰着するからである。もっとも、かかる認定の問題については、理論的問題点が伴うと考えられるが、この点については、本書の第六章第二節を参照。

（7）このように、対抗措置と、資金調達等その他会社の通常の事業目的のためになされる行為とを区別することは、わが国では、従来、あまり深く認識されていないように思われる。しかしながら、こうした区別を指摘し、ある行為が対抗措置であるとはどういうことなのか、といった問題を考察した、わが国における先駆的論文として、川浜昇「株式会社の支配争奪と取締役の行動の規制（一～三）」民商法雑誌九五巻二号一頁、三号三二頁、四号一頁がある。また、洲崎博史「不公正な新株発行とその規制（一・二）」民商法雑誌九四巻五号一頁、六号一七頁も、こうした区別を認識した上で、新株のいわゆる不公正発行の規制の問題について論じている。もっとも、かかる区別を、法理論的により明確に認識してゆく必要性があると思われるが、この点については、本書の第六章第二節を参照。また、後述するように、これらの川浜及び洲崎の文献では、経営者の利益衝突の点やいわゆる会社の機関権限の分配秩序の点から、前提として、対抗措置を法的に否定されるべき対象として捉えている。これに対して、本書では、川浜及び洲崎の文献とは異なり、外国法（特に、これらの文献以後のアメリカ法の新たな展開）を手掛りに、対抗措置をすべての場合に法的に否定し去ることは、経営合理性及び具体的妥当性を欠く面があることから、むしろ、対抗措置のもつ積極的意義を認めた上で、敵対的企業買収の実態に即した合理的な利害調整の理論（本書では、これを対抗措置の法理論とよぶ）につき、考察してゆくものである。

（8）この点に関し、敵対的企業買収の場面を直接の対象としたものではないが、ごく最近、わが国において、企業経営を合理的に統治すること、ないし、企業経営の効率性を高めていくこと等を意味するいわゆるコーポレート・ガバナンスをめぐる議論の中で、こうした会社利害関係者の利害をいかに位置付けてゆくべきかにつき、活発な主張が展開されている。例えば、一九九七年九月八日付の、自民党法務部会の商法に関する小委員会が公表した「コーポレート・ガバナンスに関する商法等改正試案骨子」（以下、単に試案骨子とする）によれば、その原則1で「株式会社は株主のものであって、株式会社の主権者は株主とする」とし、原則1′では「株式会社は、株主の利益を最大にするように統治されなければならない」と論じている。この点につき、「《資料1》コーポレート・ガバナンスに関する商法等改正試案骨子」商事法務一四六八号二七頁を参照。しかしながら、この試案骨子に対しては、経済界、学界等から、批判が向けられており、例えば、日本コーポレート・ガヴァナンス・フォーラムのコーポレート・ガヴァナンス原則策定委員会が公表した「コーポレート・ガヴァナンス原則」によれば、その前文一―六で「……他のステイクホールダーのパイを最大化しながら、同時に株主の利益を最大化することを指向するのである」と論じている。この点につき、「《資料》コーポレート・ガヴァナンス原則――新しい日本型企業統治を考える――（中間報告）」商事法務一四七六号三三頁を参照。

（9）この点に関し、本書の第六章第二節を参照。

（10）川浜（前掲注7）民商法雑誌九五巻四号九―一〇頁、洲崎（前掲注7）民商法雑誌九四巻六号一八―一九頁、森本滋「第三者割当増資をめぐる諸問題」『第三者割当増資・企業金融と商法改正2』（有斐閣、一九九一年）二二五頁等。

（11）森田章「第三者割当増資と経営判断」商事法務一一九八号六頁等。

（12）この点に関し、かつて、森田章教授は、その経営者の経営判断を肯定する論稿の中で「会社の支配権の変動については、その是非を判断するのは株主、取締役、裁判所のいずれであるべきかという根本的な問題があるはずである」と指摘しておられるが（この点につき、森田（前注11）三頁参照）、こうした解釈論の立場を、この森田教授の文言に則して表現するならば、それは究極的には裁判所の役割であるということになる。すなわち、かかる解釈論は、敵対的企業買収における会社支配の変動の局面に裁判所が適切に介入することにより、さもなければ（すなわち、株主のみ、あるいは、取締役のみが、会社支配の変動の是非を判断しうるとすることによって）生じうる様々な弊害を除去することが可能となり、敵対的企業買収に伴う利害関係を合理的に調整してゆこうとする立場であるといえる。この点につき、本書の第五章第四節を参照。

（13）この点に関して、著者は、かつて、拙稿 “The Role of the Japanese Courts in Hostile Takeovers,” Law in Japan：An Annual（日米法学会年刊機関誌）, Vol. 26（近刊予定）及び「米国における敵対的企業買収の対抗措置理論の展開（上・下）」国際商事法務二三巻一二号一三三三頁、二四巻一号三三頁において、こうした解釈論的解決の可能性について論じたことがある。また、その後、松井秀征「取締役の新株発行権限（一・二）」法学協会雑誌一一四巻四号五八頁、六号八九頁の文献も、新株発行権限の所在に関する歴史的沿革を踏まえながら、著者とほぼ結果同旨の、解釈論的解決の可能性を論じている。しかしながら、本文で述べたように、著者は、現在、このような解釈論的解決には、その実際上の有用性の点はともかく、法理論上は、伝統的な会社法理論を前提とする限り、理論的な限界があるものと捉えている。この点については、本書の他に、拙稿「敵対的企業買収の法的研究（一〜三）——対抗措置理論による利害調整と解釈論の理論的限界——」法政研究六五巻二号一三一頁、六五巻三—四合併号六七頁、六六巻一号二一三頁において、論じたことがある。

(14) 近年、会社の支配に関して、いわゆる資本多数決制度の理解を拡大することにより、会社支配を会社法における法的制度の問題として位置付け、会社支配概念を捉え直そうとする注目すべき見解が現れている。この見解につき、特に、森淳二朗「会社法理論の体系的修正——公正性とフレキシビリティーの会社法システムを求めて——」商事法務一四〇〇号九頁、同「会社法のモデル分析と株式会社支配の特質」法政研究六一巻三・四合併号六一七頁、同「株式会社の柔構造化——一本マスト型から三本マスト型の会社法へ——」川又良也先生還暦記念『商法・経済法の諸問題』（商事法務研究会、一九九四年）六九頁を参照。また、森淳二朗教授は、その後も、この見解を発展させておられるが、その新しい考え方については、森淳二朗「会社法学の再構築に向けて」（一九九九年度日本私法学会商法部会シンポジウム資料「会社法学への問いかけ」所収）商事法務一五三五号一八頁を参照。

(15) Unocal Corp. v. Mesa Petroleum Co., Del.Supr., 493 A.2d 946 (1985).

(16) ニューヨーク証券取引所の上場会社の半数近く、そして、フォーチュン誌のランキング上位五〇〇社の過半数が、デラウエア州会社法に基づく会社であり、同州の法理論は、米国の会社法実務に極めて大きな影響を与え、その指導的役割を担っている。なお、アメリカでは、設立された州の会社法が、その会社についての準拠法となる。

(17) アメリカ法律協会は、アメリカ法の簡略化、社会的要求に対する法の適応の促進、よりよき司法運営の確保、学問的・科学的法律研究の奨励及び遂行等を目的として、一九二三年に創立された団体である。そして、現在、多数の著名な裁判官、弁護士、法学者を含め、約二〇〇〇名の会員を有している。その代表的な事業には、いわゆるリステートメントの編纂がみられるが、その他にも、数多くの統一州法案の作成や、分析及び勧告の公表等を行っている。

(18) ただし、わが国でも、平成二年の商法改正により、定款をもって株式の譲渡につき取締役会の承認を要する旨の定めをした会社の株主に対しては、新株引受権が法定され（商法第二八〇条ノ五ノ二第一項）、株主総会の特別決議によって株主の新株引受権を排除しない限り（同条一項但書）、譲渡制限会社においては新株発行の方法はいわゆる株主割当に限定されることになった。

(19) Mestmäcker, Verwaltung, Konzerngewalt und Recht der Aktionäre, 1958, S. 146 f.

(20) こうした国際間企業買収の問題は、国際取引法及び国際通商法の現代的重要課題でもある。本書における研究は、そうした国際間企業買収の紛争における準拠法の内容に関するものでもある。この点に関し、例えば、山田鐐一『国際私法』（有斐閣、一九九三年）二頁参照。

(21) なお、こうした対抗措置に関わる問題を取り扱っているわが国の文献として、既述の各該当文献の外に、例えば、荒谷祐子「企業防衛手段の法理論的検討——第三者割当増資をめぐる学説の動向——」福岡大学法学論叢三六巻一・二・三号二四五頁、伊藤壽英・椽川泰史「授権資本制度と公開会社の取締役の地位」高崎経済大学論集三二巻四号一二三頁、近藤光男「敵対的な企業買収と株主の利益」商事法務一二七六号九頁、志谷匡史「公開買付における対象会社の経営者の行動規制」神崎克郎監修『企業買収の実務と法理』（商事法務研究会、一九八五年）三六五頁、同「会社支配の争奪と経営判断の法則」六甲台論集三三巻一号一一五頁、森淳二朗「敵対的企業買収の法的規制と会社支配理論」酒巻俊雄先生還暦記念『公開会社と閉鎖会社の法理』（商事法務研究会、一九九二年）六三一頁、森田章「企業買収と対抗策」ジュリスト一〇五〇号一四七頁、吉川栄一「企業買収と会社法の制度的論理」石田満先生還暦記念『商法・保険法の現代的課題』（文眞堂、一九九二年）四三八頁、吉田直「テンダー・オファーにおける標的企業の経営者の役割」國學院法学二八巻四号四七頁、同「敵対的企業買収の法理——対象会社の取締役の役割・行為基準を中心に——」久保欣哉編著『企業結合と買収の法理』（中央経済社、一九九二年）一〇七頁等がある。また、筆者の米国留学からの帰国（一九九七年三月）後に、松井（前掲注13）の文献の他に、例えば、大野理彩「会社の支配権争奪の局面における取締役の行為基準」早稲田法学会誌四七巻一頁、福島洋尚「会社支配の争奪とドイツ株式会社法——取締役の中立義務をめぐって——」南山法学二〇巻三・四号三九五頁、同「ドイツにおける株式公開買付に対する会社法上の防衛措置」青山法学論集四〇巻三・四号（原茂太一教授退職記念号）一三一頁、森淳二朗「完全子会社による親会社株式の取得」

判例タイムズ九四八号一六頁、矢崎淳司「アメリカ法における会社支配と株主の権利に関する一考察――株主保護の観点からみた敵対的企業買収における取締役の行為規制の問題点――」大阪市立大学法学雑誌四三巻四号一五二頁、同「アメリカ法におけるMBO（Management Buyout）に関する一考察」大阪市立大学法学雑誌四五巻二号二五五頁等の文献に接した。なお、本書の脱稿後に、例えば、手塚裕之「敵対的TOBによる企業買収への防衛策とその限界（上・下）」商事法務一五五六号四頁、一五五七号四頁、田中信隆「敵対的テイクオーバーに対する防衛策のデラウェア州法に基づくルールと戦略（一～四・未完）」国際商事法務二八巻四号三九三頁、二八巻五号五三三頁、二八巻六号六六七頁、二八巻七号八一二頁、岡崎誠一「M＆Aの交渉と取締役の経営判断――米国における売り手の実務を中心に――（上・中・下）」商事法務一五六二号一八頁、一五六三号二七頁、一五六六号二二頁等の文献に接した。

第二章　日本法

第一節　序　説

わが国においては、既述のように、対象会社の経営者によるかかる対抗措置の問題は、新株発行の一形態である第三者割当増資をめぐる商法第二八〇条ノ一〇所定の「著しく不公正な方法による株式の発行」（以下、単に不公正発行とする）との関連において主に論じられてきた。

わが国の現行商法では、新株の発行に関して、いわゆる授権資本の制度が採用されており[1]、定款に定められた会社の発行する株式総数のうち設立時に発行されなかった株式については、会社の設立後に取締役会の決議によって必要に応じ随時発行することができるものとされている[2]。また、株主の新株引受権についても、定款に株式譲渡制限の定めがある会社を除き[3]、株主は法律上当然には新株引受権を有しないものとされている[4]。そこで、敵対的企業買収に直面し、株式の買占めにあっている会社の経営者は、本来、資金調達を主な目的としてなされる（あるいは、他の会社との資本提携や従業員持株制度の推進を目的としてなされる場合もある）新株の発行につき、その有する発行権限を利用することによって、買占め者以外の、対象会社と友好的な関係にある第三者に対して新株を割り当てて発行し（第三者割当増資）、その結果買占め者の持株比率を低下させることにより、結果的に敵対的企業買収を失敗させてしまうことがみられる。かかる第三者割当増資の方法を利用した、対象会社の経営者による対抗措置[5]は、わが国において、敵対的企業買収に対する最も利用可能な防御手段であるといわれている。[6]

そこで、かかる場合に、買占め者は、こうした持株比率の低下を避けるため、通常、対象会社が新株を発行する前に、当該新株発行は買占め者の持株比率を低下させるために行われるもので、商法第二八〇条ノ一〇にいわゆる不公正発行にあたるとして、当該新株発行の差止の仮処分を裁判所に申立ててこれに対応している。[7]そして、裁判所では、当該新株発行が不公正発行に該当するか否かにつき判断を下すことになるのである。近年わが国の法廷において争われた敵対的企業買収をめぐる紛争の大部分は、まさにこのような事例であった。[8]

そこで、以下では、わが国の裁判所が、かかる不公正発行の判断にあたり、いかに対処しているのか、わが国の判例理論について検討してゆくことにしたい。

（1）　昭和二五年の改正以前には、会社の資本金額を定款に掲げ、設立の際にはその資本金額にあたる株式総数の引受があることを要求し（総額引受主義）、したがって、また設立後に新株を発行するときも、株主総会の特別決議によって定款所定の資本を増加し、その増加した資本額につきすべての株式の引受があることを要求していた。これに対し、昭和二五年改正法は、いわゆる授権資本の制度を採用して、定款には資本金額の代わりに会社が発行する株式の総数を掲げ、しかも、設立の際にはその一部（四分の一以上）を発行すれば足りるものとしたため、その残りの株式は、会社設立後取締役会の決議によって必要に応じ随時発行することができることになった。この点につき、例えば、鈴木竹雄・竹内昭夫『会社法（第三版）』（有斐閣、一九九四年）三九一頁等を参照。

（2）商法第二八〇条ノ二第一項、及び、第一六六条一項三号、六号、同条三項を参照。

（3）本書の第一章注18を参照。

（4）商法第二八〇条ノ五ノ二第一項参照。なお、商法第二八〇条ノ二第一項本文・五号も参照。

（5）もちろん対抗措置であると認定された場合のことである。本書の第一章注6を参照。

（6）例えば、通商産業省編（前掲第一章注1）一〇九―一一〇頁参照。また、この点に関連して、わが国においては、会社の自己株式の取得を原則として禁止する商法第二一〇条により、従来、敵対的企業買収に対する防御手段として自己株式の取得による方法を利用することは一般的に困難であった。しかしながら、平成六年の商法改正により自己株式の取得規制が緩和されたことから、今後、自己株式の取得の方法による防御手段を試みる会社もあるいは漸増してゆくかもしれない。この点につき、吉戒修一「平成六年商法改正法の解説[1]」商事法務一三六一号五―六頁参照。また、浜田道代「企業金融と多数決の限界」私法五八号一〇五―一〇六頁も参照。なお、かかる自己株式の取得の方法による防御手段に関連して、例えば、いわゆる三井鉱山事件（東京地判昭和六一年五月二九日・判例時報一一九四号三三頁、東京高判平成元年七月三日・金融商事判例八二六号三頁、最一小判平成五年九月九日・民集四七巻七号四八一四頁）及び片倉工業事件（東京地判平成三年四月一八日・判例時報一三九五号一一四頁、東京高判平成六年八月二九日・金融商事判例九五四号一四頁）等の判例の他、例えば、河本一郎「会社の自己株式取得に対する株主の代表訴権行使――三井鉱山事件」ジュリスト・平成元年度重要判例解説九七頁、神崎克郎「自社株買戻しと取締役の責任」法学セミナー三一巻一〇号三一頁、神田秀樹「三井鉱山事件に関する理論的問題」商事法務一〇八二号七頁、近藤光男「企業防衛と取締役の責任――片倉工業事件をめぐって――」商事法務一二五一号二頁、宮島司「完全子会社による親会社株式取得と親会社取締役の責任」ジュリスト・昭和六一年度重要判例解説九三頁、森（前掲第一章注21）「完全子会社による親会社株式の取得」の文献、森田章「緊急避難としての自己株式取得」神戸学院法学二〇巻三・四号六一頁、森本滋「完全子会社の親会社株式取得と親会社取締役の責任」商事法務一二一〇号四六頁等の文献を参照。

（7） 仮処分に関し、民事保全法第二三条二項参照。また、例えば、商事保全及び非訟事件の実務研究会報告⑽「新株発行差止仮処分申請事件」判例時報一三〇二号三頁、青竹正一「新株の不公正発行の判断基準」平出慶道先生還暦記念『現代企業と法』（名古屋大学出版会、一九九一年）二九三頁、深山卓也「新株発行差止仮処分」金融法務事情一四〇九号二九頁も参照。また、民事保全法制定以前の事例では、用語として、仮処分の「申立て」の代わりに、仮処分の「申請」と表現されていたが、本書では、便宜的に、特に不適切でない限り、両用語を併用する。なお、このようないわゆる不公正発行をめぐる新株発行の差止が問題となる事例においては、新株の発行価額が通常株式の市場価額よりもかなり低い価額に設定されることから、あわせていわゆる株式の第三者に対する有利発行の問題（商法第二八〇条ノ二第二項参照）が争われる場合も多くみられる。しかしながら、本書においては、このいわゆる有利発行の問題には立ち入らない。また、新株の不公正発行に対する救済措置全般については、例えば、青竹正一「新株の不公正発行に対する救済措置」服部栄三先生古稀記念『商法学における論争と省察』（商事法務研究会、一九九〇年）一頁、及び、洲崎（前掲第一章注7）の文献を参照。

（8） 例えば、大阪地決昭和六二年一一月一八日（判例時報一二九〇号一四四頁・いわゆるタクマ事件）、東京地決昭和六三年一二月二日（判例時報一三〇二号一四六頁・いわゆる第一次宮入バルブ事件）、東京地決平成元年七月二五日（判例時報一三一七号二八頁・いわゆる忠実屋・いなげや事件）、東京地決平成元年九月五日（判例時報一三二三号四八頁・いわゆる第二次宮入バルブ事件）等の事件を参照。

第二節　判例理論

わが国の裁判所は、かかる不公正発行の判断にあたって、いわゆる主要目的理論とよばれる考え方を採用することにより対処している。そして、この考え方は、学説上もわが国における通説的見解である。(1) この理論によれば、もしも新株発行の主要目的が買占め者の持株比率を低下させ、かつ、当該新株の発行を決議した取締役の支配的地位を維持するためであると考えられる場合には、当該新株発行は不公正であるとされ、もしも新株発行の主要目的が会社の資金調達のためなど合理的な経営目的のためであると考えられる場合には、当該新株発行は公正であるとされるのである。(2) また、この理論のもとでは、通常、買占め者の側に訴訟上の主張・立証責任が課されている。(3) そこで、以下では、主要目的理論を適用した典型的判例とされるいわゆる第二次宮入バルブ事件(4)を分析することにより、わが国の判例理論における特徴的傾向につきさらに検討を加えてゆくことにしたい。

まず、事実の概要について述べる。買収者の高橋産業グループは、対象会社である宮入バルブ製作所(以下、宮入バルブとする)の株主であり、高橋産業を中心とする七名の株主から構成されていた。そして、高橋産業も宮入バルブもともにバルブの製造等を目的とする株式会社であった。本件の発生前、宮入バルブによって第一回目の第三者割当増資が行われたが、(5) その結果、それまで宮入バルブの発行済株式総数の過半数を保有していた高橋産業グループは、株式の過半数保有に達しないことになった（持株比率は五〇・〇七%から三九・九一%に低下)。その結果、昭和六三年一二月二八日に開催された宮入バルブの株主総会において、高橋産業側からの数名の経営陣選任を求めた提案は、否決されることになった。しかしながら、その後、高橋産業グループは、再び宮入バルブの株式を買い占め、発行済株式総数の約四七%を保有するまで回復し、宮入バルブに対し臨時株主総会の開催を要求した。そして、高橋産業により、宮入バルブの現経営陣三名の解任及び高橋グループ側からの六名の新たな経営陣選任を求める提案がなされた。当初、宮入バルブはこの総会開催要求を拒否していたが、その後、東京地裁の斡旋を経て開催されることに決まった。その結果、平成元年七月一四日に開催された臨時株主総会では、高橋産業による提案は僅差で否決されることになった（六七〇万一千株が反対、六六六万二千株が賛成であった）。その後、同年八月二一日開催の宮入バルブの取締役会において、主に金融機関や取引先を割当先とする（高橋産業グループは含まれていない）、本件第三者割当増資が決議された。そして、その内容は、発行新株式数二五〇万株、一株あたりの発行金額八五一円（当時の市場価額は一四八〇円）であり、その数は、発行済株式総数の約一八%に相当するというものであった。

かかる状況の中、高橋産業グループは、「本件新株発行は、特に資金調達の必要性もないのに、……（中略）……申請人ら及びこれを支持するグループの持株比率を低下させる目的でなされるものであり、商法二八〇条の一〇にいう「著しく不公正な方法」による発行であって、これにより、申請人らは、被申請人の発行済株式総数に対する持株比率を大幅に低下させられるという不利益を受ける」として、本件新株発行の差止の仮処分を申請した。(6)これに対し、宮入バルブは、「本件新株発行は、原材料の仕入価格の急騰、輸出実績の落ち込みなど、被申請人を取り巻く厳しい環境の中で被申請人が生き残り業容の発展拡大を図るための資金を調達する目的でなされるものであって、申請人らの持株比率を低下させる目的でなされるものではない」として、本件新株の発行方法は著しく不公正ではないと主張した。

以上が本件の事実の概要である。そして、本件において、裁判所は、次のように指摘をし高橋産業グループによる本件仮処分申請を却下した。すなわち、裁判所は、まず「新隆（台湾のバルブ・タンクメーカーである）の買収、鉄鋼弁生産設備の自動化、コンピューターシステムの改善に要する費用が合計で約二一億円と見込まれていることは前記……（中略）……認定のとおりであり、これを覆すに足りるほどの疎明はないから、被申請人には右目的のために資金を調達する必要があるということができる。また、右資金の調達方法についてみても、金利の支払いを必要としない新株発行の方法によることには合理性がある」とした。そして、その上で「これらの認定事実に鑑みると、本件新株発行が、被申請人が……（中略）……、二八〇万株を増資してから八か月余りしか経過していないのに発行されたこと及び……（中略）……平成元年七月一四日開催の被申請人の臨時株主総会で被申請人の現代表者らが僅差で切り抜けたこと……（中略）……を考慮しても、本件新株発行の主要な目的が申請人らの持株比率を低下させ現経営者の支配権を維持することにあるとまでは断定できず、むしろ、本件新株発行の主要目的は前記認定のとおり資金調達のためのものといわざるを得ないし、また、第三者割当の方法についてもそれが著しく合理性を欠くとすることはできないというべきである」として、本件新株発行が著しく不公正な方法によるとまでいうことはできないと結論付けたのである。(7)

以上の分析から明らかなように、わが国の判例理論の特徴的傾向は、主要目的の認定にあたって、主として会社に資金調達の必要性があったか否かという要素のみが考慮の対象にされているという点である。(8)そこで、そのため、株式の買占めにあっている会社は、通常、会社支配をめぐる敵対的争いの存する状況にもかかわらず、法廷で当該新株発行は会社の資金調達のためになされるものと主張するが、わが国の裁判所では、例えば、では何故対象会社はかかる状況において買占め者以外の対象会社と友好的関係にある会社（金融機関や取引先等）に対してのみ新株を発行するように決議したのか、というような他の要素を特に問題とすることなく（すなわち、もしも会社の資金調達を真の目的として新株を発行するのであれば、買占め者に新株を発行してもよいはずであるが）、そのまま対象会社の主張を認めてしまうことになっている。[9] そして、こうした結果、わが国では、買占め者が仮に対象会社の発行済株式総数の過半数に足る株式を取得したとしても、対象会社が友好的関係にある会社に対し第三者割当増資を決議し、後に当該新株発行の公正性が争われるという場合にも、対象会社の側が勝訴するということが見られることになるのである。[10] このようにして、わが国の判例理論は、主として会社の資金需要の有無という要素のみを考慮することにより通常対象会社の側が勝訴するという、いわば一刀両断的な判断傾向にあると指摘することができる。[11]

それでは、かかる判例理論のあり方には、いかなる問題点があるのであろうか。そこで、この点について考察するために、以下では、わが国の学説上の見解について検討してゆくことにしたい。

（1）例えば、洲崎（前掲第一章注7）民商法雑誌九四巻六号一八―一九頁、田中誠二『再全訂会社法詳論（下巻）』（勁草書房、一九八二年）九六四頁、吉本健一「新株の発行と株主の支配的利益」判例タイムズ六五八号三一、三九頁等を参照。

（2）例えば、本章第一節注8の各事件における決定の表現を参照。なお、この点に関して、いわゆる第一次宮入バルブ事件においては、判例がかかる主要目的理論を採用したのか否かにつき決定の表現上不明確な点があるが、一般的には、この事件も主要目的理論に立つものと解されている。この点につき、例えば、神崎克郎「新株発行が著しく不公正な方法によるものとはいえないとされた事例」商事法務一二八三号三六、三九頁参照。

（3）ただし、いわゆる忠実屋・いなげや事件（前掲本章第一節注8）においては、場合により立証責任が転換されると解しうる指摘がなされている。

(4)　本章第一節注8参照。

(5)　いわゆる第一次宮入バルブ事件（前掲本章第一節注8）を参照。

(6)　本件では、高橋産業グループにより、あわせて、いわゆる株式の第三者に対する有利発行の問題も主張されたが、本章第一節注7で断ったように、本書ではこの問題の検討には立ち入らない。

(7)　判例時報一三二三号四八頁、及び、本件をめぐる各種報道記事を参照。

(8)　例えば、いわゆるタクマ事件、第一次宮入バルブ事件（前掲本章第一節注8）等の各事件における決定も同様である。また、かかるわが国の判例理論の特徴的傾向の分析については、従来より多くの優れた研究があり、詳細については、それらの研究に譲ることにする。この点につき、例えば、洲崎（前掲第一章注7）民商法雑誌九四巻六号一七頁、吉本（前掲注1）三一頁、森本（前掲第一章注10）一九七頁等の各文献を参照。

(9)　ここで分析をした第二次宮入バルブ事件をはじめ、いわゆるタクマ事件、第一次宮入バルブ事件（前掲本章第一節注8）の各事件とも、すべてそうした事例である。

(10)　例えば、いわゆる第一次宮入バルブ事件（前掲本章第一節注8）は、まさにそうした事例であった。

(11)　本章第一節注8の各事件のうち、いわゆる忠実屋・いなげや事件を除く、その他すべての事件において、対象会社の側が勝訴した。なお、この点に関連して、いわゆる忠実屋・いなげや事件においては、対象会社である忠実屋及びいなげやが敗訴するという結果に終わったことから、この事件をどのように捉えるかが問題となる。そして、この事件の理由付けの点にも、従来よりの主要目的理論に加え「新株発行の主要な目的が右のところにあるとはいえない場合であっても、その新株発行により特定の株主の持株比率が著しく低下されることを認識しつつ新株発行がされた場合は、その新株発行を正当化させるだけの合理的な理由がない限り、その新株発行もまた不公正発行にあたるというべきである」という新たな説示がみられ、特色がみられる。しかしながら、この点について、この事件では、忠実屋及びいなげやにとり会社の資金調達の必要性がそもそもなかったという特殊な事案内容であること、この事件の直後に決定のなされた第二次宮入バルブ事件ではかかる新たな説示がみられなかったこと、そして、この事件を第二次宮入バルブ事件の決定とあわせて読めば、資金調達の必要性と第三者割当増資以外の方法の採用の困難さのみが、そこでの「合理的な理由」の中身として要求されているにとどまると考えられること等から、かかる点を考慮すれば、その理由付け・結果にもかかわらず、この事件をこうしたわが国の裁判所の判断傾向の例外と考えることは、難しいのではないかと思われる。この点につき、森本（前掲第一章注10）二二五頁、及び、洲崎博史「新株の発行が時価より著しく有利な価額によるものであり、かつ著しく不公正な方法によるものであるとして、その発行が差止められた事例」判例時報一三三七号二〇〇、二〇四、二〇六頁を参照。なお、忠実屋・いなげや事件に関する詳細な評釈として、例えば、関俊彦「二社間の相互引受による新株発行の差止（上・中・下）」商事法務一一九二号八頁、一一九三号一〇頁、一一九四号二三頁を参照。

第三節　学説

わが国の学説上[1]の通説的見解は、既述のように、判例理論と同じく主要目的理論である。[2]しかし、これと並び、いわゆる割当自由の原則説とよばれる考え方も有力に主張されている。[3]この考え方は、現行商法が、会社の資本調達の機動性の観点から授権資本制度を採用し、新株発行が取締役会の決議事項とされ、また、株主の新株引受権も原則としては認められていないこと等から、会社に資金調達の現実の必要があれば、新株割当は原則として取締役の自由裁量に委ねられるべきであるとする見解である。そのため、かかる考え方によれば、株主が両派に分かれて争っている際に取締役ないしその一味の者に不当に多数の株式を割り当てる場合や、何ら資金需要がないのに新株発行を行って株主の持株比率を低下させるような場合には、当該新株発行は不公正発行にあたり、資金調達の現実の必要があり、かつ新株割当の相手方が取締役の一味の者でない場合には、不公正発行にはあたらないとされるのである。[4]また、この見解を採る者の中には、さらにこれを進めて、資金調達の必要が明確に存する場合には、取締役は自派の者にのみ新株を割り当ててもよく、この場合にも不公正発行にはあたらないとするものもある。[5]このように、この割当自由の原則説も、会社の資金需要の有無を不公正発行の重要な判断要素としており、その結論において、判例理論の採る主要目的理論と大差がないと考えられる。

しかしながら、かかるわが国の判例理論及び通説的見解のあり方に対しては、学説上様々な批判が向けられており、以下では、かかる批判的学説を分析しながら、判例理論の問題点につき検討してゆきたい。

第一の批判説は、新株の発行価額の低さの点に関わるものである。すなわち、第二次宮入バルブ事件にみられたように、会社支配をめぐる敵対的争いの存する場合(その他の場合にも)、通常、新株の発行価額は株式の市場価額よりもかなり低い価額に設定されているが、このことは会社の資金調達が新株発行の真の目的であるとする対象会社の主張を説明しにくいものにするという批判である。[6] また、第二の批判説は、かかる場合においては、買占め者以外の者に対してのみ新株が割り当てられていることに着目する。すなわち、新株発行が資金調達だけの目的ならば、買占め者に株式引受の意向を打診し、新株を買占め者に割り当てることもできるはずであることから、会社支配をめぐる争いが存する場合に、当該争いに実質的影響を及ぼすような第三者割当増資を行うには、単なる資金調達目的に加え、当該第三者に新株を割り当てる会社事業上の合理的な理由がなければならないとする。そして、その上で、買占め者が支配関係上の争いに際してなされるかかる第三者割当増資の存在の事実を主張・立証すれば、対象会社の取締役の支配維持目的が事実上推定され、対象会社の側は資金調達目的と当該第三者割当の必要性につき十分合理性をもつ説明をしなければならないと批判する。[7] わが国の裁判所においては、前節で指摘したように、何故対象会社はかかる状況において買占め者以外の対象会社と友好的関係にある会社に対してのみ新株を発行するように決議したのか、という要素を特に問題としていないが、かかる要素を考慮すれば、会社の資金調達が新株発行の真の目的であるとする対象会社の主張は、かなり疑問視されることになると思われる。[8] また、第三の批判説は、かかる会社支配をめぐる争いの局面で、当該争いに決着を付けうるような第三者割当増資がなされる場合に、対象会社の取締役が直面する利益衝突を問題とする。すなわち、かかる場合には、取締役が自己の支配維持のためにその権限を行使する虞が強いので、かかる第三者割当増資の妥当性の審査を客観的かつ厳密に行うべきであると主張している。[9]

このように、これらの批判説の分析を通して、もしもわが国の裁判所が、これらの批判されている諸要素を会社の資金需要の有無という要素に加えて、不公正発行の判断の中に十分に取り込んでゆけば、かかる状況における第三者割当増資を資金調達の目的のためになされるものと評価することは困難になってゆくと思われる。すなわち、わが国の判例理論には、会社支配をめぐる敵対的争いの局面での第三者割当増資につき、その発行目的の認定の仕方に問題があるのではないかと思われる。

それでは、かかる状況における第三者割当増資の発行目的の認定は、諸外国ではいかに行われているのであろうか。そこで、この点について考察するために、以下では、アメリカ及びドイツにおける状況を分析しながら、さらに比較法的に検討を進めてゆくことにしたい。

(1) 敵対的企業買収の際になされる第三者割当増資をめぐる、わが国の学説の動向を詳細に論じるものとして、荒谷(前掲第一章注21)の文献を参照。

(2) ただし、学説中、主要目的理論に立ちつつも、判例理論と異なり立証責任の転換を図るものがある。例えば、洲崎(前掲第一章注7)民商法雑誌九四巻六号二二―二三頁参照。

(3) 鈴木・竹内(前掲本章第一節注1)四二二頁、鈴木竹雄「新株発行の差止と無効」『商法研究Ⅲ』(有斐閣、一九七一年)二二一、二二五頁等参照。

(4) 鈴木・竹内(前掲本章第一節注1)四二二頁参照。そのため、かかる点から、この見解に対しては、こうした見解の下では、(第二次宮入バルブ事件にみられるように)割当先が会社の単なる取引先であるような場合には不公正発行とされることはほとんどなくなる、との批判が向けられている。この点につき、洲崎(前掲第一章注7)民商法雑誌九四巻六号二一頁参照。

(5) 河本一郎『現代会社法(新訂・第七版)』(商事法務研究会、一九九五年)二六三頁参照。

（6）森田（前掲第一章注11）二、六頁、同発言「（座談会・2）第三者割当増資をめぐるその後の動向」『第三者割当増資・企業金融と商法改正2』（有斐閣、一九九一年）一一〇頁参照。

（7）洲崎（前掲第一章注7）民商法雑誌九四巻六号二一―二三頁、本章第二節注11、二〇五―二〇六頁、森本（前掲第一章注10）二二五―二二七頁参照。また、神崎（前掲本章第二節注2）三九頁、川浜（前掲第一章注7）民商法雑誌九五巻四号一、一四頁も参照。そして、かかる会社支配をめぐる争いの存する場合、対象会社の取締役は利益衝突に直面し、会社内部の情報は通例対象会社側が握っており、買占め者にはそれらへの接近が困難なことに鑑み、このように対象会社の側に立証上ある程度の負担を課すことは支持されうると指摘されている。洲崎（前掲第一章注7）民商法雑誌九四巻六号二三頁参照。

（8）また、そもそも会社に資金が必要なのは当然のこと、との批判もなされている。川浜（前掲第一章注7）民商法雑誌九五巻四号一、一四頁、森本（前掲第一章注10）二二五頁、洲崎（前掲第一章注7）民商法雑誌九四巻六号一九―二〇頁参照。また、龍田節「企業の資金調達」『現代企業法講座3・企業運営』（東京大学出版会、一九八五年）二二一頁も参照。

（9）川浜（前掲第一章注7）民商法雑誌九五巻四号一、一三頁参照。

第四節　比較法的検討

一　アメリカの状況

はじめに、アメリカの状況[1]について検討する。[2]米国においても、新株発行（第三者割当増資）の方法を利用した対象会社の経営者による対抗措置は、わが国におけるのと同様に、敵対的企業買収に対する利用可能な防御手段としてしばしば用いられている。[3]そして、会社支配をめぐり敵対的な争いのある局面で、対象会社により新株発行がなされる場合、わが国と同様に、米国の裁判所もかかる新株発行の公正性・妥当性につき判断を下すことになる。[4]そして、そこでは、通常、対象会社の経営者の会社及び株主に対する信認義務（fiduciary duties）[5]の違反が問題とされる。

かかる際、米国の裁判所では、こうした状況における第三者割当増資の発行目的の認定につき、わが国の裁判所と異なる特徴がみられる。すなわち、米国の裁判所では、単に資金需要の有無という要素のみにとどまらず、かかる状況における新株発行を取り巻く多様な要素を取り込んだ上で、いわば複眼的・客観的にその公正性・妥当性の判断がなされている。そして、その際に、米国の裁判所は、多くの場合、かかる新株の発行が、会社の資金調達のためなど事業目的のためになされるものであるのか、あるいは、それとは異なり、対抗措置としてなされるものであるのか、について、その評価・区別を行っているのである。[6]そして、このことは、第三章で詳述するように、米国の裁判所では、一九八五年のデラウエア州最高裁判所によるいわゆるＵＮＯＣＡＬ判決[7]を期に、通常、経営者により会社の通常の事業目的のためになされる行為と、経営者により敵対的企業買収における対抗措置としてなされる行為とが、それぞれに異なった基準のもとで、その法的評価が行われていることに深く関わっている。[8]

そこで、具体的に、米国の裁判所が、いかなる要素を取り込んだ上でその判断を行っているのか分析してみると、そこでは、会社の資金需要の有無という要素の他に、例えば、(ア)新株発行に付随する条件等に敵対的企業買収を妨害するようなものがあるか否か、[9] (イ)新株発行を取り巻く一連の対象会社の経営者による行為の中に、敵対的企業買収を妨げるようなものがあるか否か、[10] (ウ)新株発行の計画が長期間にわたり考慮されていたものか否か、[11] (エ)新株発行を取り巻く市場の状況はどうか、[12] (オ)新株発行について、その株式を取得することになる者がその議決権を行使するにあたり、対象会社ないしその経営者が、その行使につき影響力を及ぼす虞があるか否か、[13] (カ)新株発行が実現された際に生ずる買収者の支配の希釈（dilute）が、対象会社の経営者のいかなる態様ないし目的のもとで、行われようとしているのか等、[14] 実に様々な要素が考慮されていることが明らかとなる。そして、そこでは、会社支配をめぐる敵対的争いの局面での新株発行につき、その発行目的の多くが、対抗措置としてなされるものと認定されているのである。[15]

二　ドイツの状況

それでは、ドイツにおける状況は、どうであろうか。次に、ドイツの状況について検討することにしたい。[16] ドイツでは、敵対的企業買収は稀であり、従って、対抗措置の事例もアメリカに比べ限られている。[17] また、ドイツでは、わが国及びアメリカの法制度と異なり、株主の新株引受権が基本的に法定されている。[18] そのため、会社支配をめぐり敵対的な争いのある局面で、対象会社によりなされる新株発行の問題も、わが国及びアメリカとは異なったアプローチで対処されている。すなわち、ドイツでは、株主の新株引受権を排除し第三者に新株を発行することの許容性をめぐる文脈の中で、かかる問題の検討がなされている。[19] そこで、まず、ドイツにおける新株引受権の排除と新株発行に関する法制度を一瞥することにしたい。

ドイツ法上、増資は株主総会の特別決議により行うのが原則である。[20] しかしながら、英米法の授権資本制度にならった認可資本（Genehmigtes Kapital）の制度により、定款において、出資の払込に対し新株を発行することにより一定額まで資本を増加する権限を取締役に付与することも可能とされている。そして、かかる授権は、五年を越えない期間につき、授権時の資本の半額を限度としてなすことができる。[21] この点に関連し、株主の新株引受権を排除するには、増資決議に際し個別的にその旨の決議をすることが必要とされており、定款で一般的に株主の新株引受権を排除することは認められていない。[22] そして、新株引受権排除の決議の際、取締役は、新株引受権排除の理由と予定される発行価額を説明する報告書を株主総会に提出しなければならないとされている。[23] また、認可資本の設定の際に、株主総会の特別決議により、認可資本の枠につき予め新株引受権を排除する権限を取締役に与えておくことも可能とされている。[24]

そこで、かかる新株引受権の排除と新株発行に関する法制度から、ドイツの裁判所では、会社支配をめぐり敵対的争いのある場合の新株発行につき、通常、当該増資を決議したあるいは取締役に増資を授権した、株主総会決議の無効ないし取消が問題とされることになる。[25]

かかる際、ドイツの裁判所では、増資の際に新株引受権の排除が認められるには、実際上の理由から会社の利益のために正当化される場合に限られるとされ、かかる実質的な有効性の前提条件が満たされているか否かについては、種々の利益と手段・目的の関係との衡量を考慮することが必要であると考えられている。[26] すなわち、新株引受権を排除するために、株主総会の特別決議という形式的要件に加えて、法が明文では規定しない実質的要件を課しているのである。[27] そのため、株主の新株引受権の排除は、それが客観的に正当化される場合に限り、許容されることになる。[28] また、このことは、認可資本の設定の際に新株引受権を排除する権限を取締役に委ねる旨の総会決議がなされる場合にも、妥当すると考えられている。[29] そして、これらの点につき、第四章で詳述するように、ドイツの裁判所は、買収者が対象会社をせん滅する（vernichten）意図を有するような場合には、新株引受権の排除を伴う新株発行により対抗措置をなすことが許されると解している。[30]

このように、ドイツでは、かかる会社支配をめぐり敵対的争いのある場合の新株発行の問題は、基本的に株主総会決議に関する問題とされ、そこでは、わが国及びアメリカとは異なるアプローチが採用されている。しかしながら、その場合でも、裁判所によりかなり客観的な審査が試みられていることは、注目に値するものといえる。

三　検討

このように、アメリカ及びドイツにおける状況の分析を通して、会社支配をめぐり敵対的争いのある局面での第三者割当増資の発行目的の認定につき、諸外国（特に、アプローチを同じくするアメリカ）ではいかに対処されているのかが明らかとされた。そして、そこでは、特に、わが国の新株発行制度の母法国であり、その点で基本的な法制度が類似しているアメリカの状況から、多くの有益な示唆を得ることができると思われる。そこで、以下では、これらの分析を踏まえながら、さらに検討を進めてゆきたい。

米国の裁判所では、既述のように、資金需要の有無の要素のみにとどまらず、かかる状況での新株発行を取り巻く多様な要素を取り込み、いわば複眼的・客観的にその公正性・妥当性の判断がなされ、その発行目的の多くが対抗措置としてなされるものと認定されている。そして、その際に、特に注目すべきことは、前述の(オ)及び(カ)の要素である。[31] まず、(オ)の要素では、裁判所により、新株の取得者がその議決権を行使するにあたり、対象会社ないしその経営者が当該行使につき影響力を及ぼす虞の有無が検討されている。そこで、この点につき、わが国では、すでに度々指摘してきたように、対象会社がかかる状況で、何故買占め者以外の対象会社と友好的関係にある会社に対し新株を割り当てたのかという要素が、裁判所により特に検討されていないが、この点で両者に大きな隔たりがみられる。また、(カ)の要素の点では、裁判所により、対象会社の経営者のいかなる態様ないし目的の下で、新株発行の実現に伴い発生する買収者の支配の希釈が行われようとしているのかが検討されている。そこで、この点につき、わが国では、第二節で分析をしたように、かかる会社支配という要素も、資金需要の有無の要素に比べて裁判所により特に重視されておらず、この点でも差異がみられる。そして、この点に関して、わが国で、この会社支配の要素が、発行目的の認定にあたり特に重視されていないことは、以下のように、問題のある処理であると思われる。

すなわち、まず、敵対的企業買収が行われる際、買収者は対象会社に対する支配を獲得すべく多量の株式買占めを行っている。[32] そして、かかる多量の株式取得に成功し対象会社に対する支配を獲得した買収者は、その株式保有を基礎に、対象会社に対し様々な影響力を行使することになる。[33] そして、かかる影響力行使の結果、例えば、対象会社の従来の経営方針・政策が変更されると、対象会社の株主をはじめとする多くの会社利害関係者（債権者、取引先、従業員、あるいは、地域社会一般等）にも影響が及ぶことになる。そこで、もしも、かかる状況ににおいて、対象会社により、買収者以外の友好的関係にある会社に対し第三者割当増資が決議され、それが実行に移されると、買収者の持株比率が低下し買収者は対象会社に対する支配を奪われることになるといえる。[34] それゆえ、かかる第三者割当増資は、買収者への会社支配の移転を意図的に阻止する目的(すなわち、対抗措置の目的)でなされた可能性が極めて高いといえる。そこで、かかる点から、わが国の裁判所において、発行目的の認定にあたり、会社支配の要素が資金需要の有無の要素に比べ特に重視されていないことは、新株発行の真の目的が何かを慎重に吟味する上で、やはり問題のある処理であると思われる。[35]

そこで、これらの比較法的検討を通して、もしもわが国の裁判所が、資金需要の有無の要素のみにとどまらず、米国の判例理論にみられるように、かかる状況での第三者割当増資を取り巻く多様な要素(特に、前述の(オ)及び(カ)の要素)を十分に取り込み、複眼的・客観的に不公正発行の判断を行ってゆけば(アプローチは異なるが、ドイツでも裁判所により客観的な審査が試みられている)、かかる第三者割当増資を資金調達の目的のためになされるものと評価することは困難になると思われる。そこで、かかる検討から、わが国の判例理論には、会社支配をめぐる敵対的争いの局面での第三者割当増資につき、その発行目的の認定の仕方に問題があり、かかる発行目的の多くは対抗措置として(すなわち、買収者への会社支配の移転・変動を意図的に阻止する目的でなされる行為として)認定されるべきであると思われる。[36] そして、かかる複眼的・客観的な判断を通して、わが国の判例理論は、従来の一刀両断的な判断傾向(すなわち、主に会社の資金需要の有無という要素のみが考慮されることにより、通常、対象会社の側が勝訴するという硬直的な傾向[37])から、より妥当で、より公平な判断を下しうる状況へと発展してゆくものと思われる。[38]

（1）本書では、米国の会社法実務に極めて大きな影響を与え、その指導的役割を担っているデラウエア州の状況に特に焦点を合わせている。

（2）かかる比較法的検討については、ドイツの状況を含め、川浜（前掲第一章注7）及び洲崎（前掲第一章注7）の文献においても詳細になされている。しかしながら、これらの文献はいずれも一九八〇年代の半ばまでの状況を分析するものであり、その後の、特にアメリカにおける状況の変化及び発展を含んではいない。そのため、本書では、かかる近時の状況を中心に検討を行うものである。

（3）米国においては、通常、このような防御手段は White Squire ないし White Knight とよばれている。例えば、Dennis J. Block, Nancy E. Barton & Stephen A. Radin, The Business Judgment Rule, 348, 403 (4th ed. 1993) を参照。

（4）その場合、米国においても、わが国におけるのと同様に、本案の審理を行って最終的な判決が出るまで、現状維持のため、仮の処分として行為の差止を命じる Preliminary Injunction（暫定的差止命令）を求める申立てが多くみられる。そして、そこでは、申立人は、(a) A reasonable probability of success on the merits（訴訟の実体的当否に関する事項について、それが成功する合理的な蓋然性）、(b) A reasonable probability of irreparable harm in the absence of such preliminary injunctive relief（そうした暫定的差止命令による救済がない場合に、回復不能な損害が生じる合理的な蓋然性）、(c) After balancing the relative hardships to the parties involved, the harm to the plaintiff if injunctive relief is denied outweighs the harm to the defendant if the relief is granted（関係のある当事者への相対的な不利益を比較衡量した後で、差止による救済がもし否定された場合に原告が被る損害が、救済がもし認められた場合に被告が受ける損害より、まさっていること）の三点につき、疎明ないし裁判所の説得をする必要があるとされている。この点に関して、例えば、Unitrin, Inc. v. American General Corp., Del.Supr., 651 A.2d 1361, 1371 (1995) を参照。また、場合により、Temporary Restraining Order（一方的緊急差止命令）が求められることもある。

（5）米国では、信認義務は、さらに duty of care（注意義務）及び duty of loyalty（忠実義務）に二分される。そして、duty of loyalty は、一般的に、経営者が会社との間で利益衝突のあるような場合に関わる義務とされ、両者は内容的に異なっている。この点につき、例えば、Robert Charles Clark, Corporate Law (1986), at 123, 141 を参照。これに対して、わが国では、取締役と会社との法律関係につき、いわゆる善管注意義務（商法第二五四条三項）といわゆる忠実義務（商法第二五四条ノ三）とが規定されているが、多数説は、忠実義務は善管注意義務を会社との関係について具体的かつ注意的に規定したものに過ぎないとして、両者の間には内容的に格別の差異は存在しないと解している。この点につき、例えば、鈴木・竹内（前掲本章第一節注1）二八九―二九〇頁、阪埜光男『株式会社法概説（改訂版）』（三嶺書房、一九九四年）二〇五―二〇六頁等を参照。

（6）例えば、かかる典型例として、Doskocil Cos. v. Griggy, C.A. Nos. 10095, 10106-10108, 10116 (Del. Ch. Aug. 18, 1988) (14 Del.J.Corp.L. 668)（以下、Griggy 2 事件とする）; Glazer v. Zapata Corp., Del.Ch., 658 A.2d 176 (1993) 等がある。Griggy 2 事件では、“In analyzing the merits, the first issue is whether the issuance of the Preferred Stock with the put provision is, in fact, a defensive measure adopted to protect the Wilson Foods [*16] stockholders from a perceived threat of a hostile takeover.”（「訴訟の実体的当否に関する事項を分析する場合に、第一に問題となるのは、売付選択権の条項を伴う当該優先株の発行が、実際には、敵対的企業買収による知覚された脅威から Wilson Foods 社の株主を保護するために採用された、対抗措置であるか否かということである」）と説示した上で、当該新株発行を会社の事業目的のためになされるものと評価した。また、Glazer v. Zapata Corp. 事件では、“I do not accept at this stage that that transaction is motivated solely, primarily or even substantially as a defensive transaction. A preliminary assessment of the record suggests that the Norex transaction is an important step in realizing the business plan that the board had developed prior to Mr. Glazer's arrival on the scene.”（「（本件の裁判官である）私は、この段階では、当該取引が、対抗措置の取引として、唯一、または、主に、あるいは、実質的にさえも、動機付けられていると認めるものではない。記録の予備的な評価によれば、Norex 社による当該取引は、（買収者である）Glazer 氏が登場する以前から取締役会が進展させてきた事業計画を実現するための重要な一歩であることが、示唆される」）と説示し、株式の発行を伴う当該取引を会社の事業目的のためになされるものと評価した。なお、Griggy 2 事件に関連して、本件を Doskocil Cos. v. Griggy, C.A. Nos.10095, 10106-10108 (Del. Ch. Aug. 4, 1988) (14 Del.J.Corp.L. 661)（以下、Griggy 1 事件とする）と比較しながら参照のこと（Griggy 1 事件では、当該新株発行を対抗措置とし

てなされるものと評価していた。そして、Griggy 2 事件とのかかる評価の違いは、証拠に関わる記録の差に由来するものと指摘されている）。また、これらの他、Unitrin, Inc. v. American General Corp., supra note 4, at 1372; American General Corp. v. Unitrin, Inc., et al., C.A. No.13699 and In re Unitrin Inc. Shareholders' Litigation, Consolidated C.A. No.13656 (Del. Ch. Oct. 13, 1994)（そこでは、会社の自己株式取得の事例に関し、対抗措置としてなされるものと評価された）; Henley Group, Inc. v. Santa Fe S. Pac. Corp., C.A. No.9569 (Del. Ch. Mar. 11, 1988) (13 Del.J.Corp.L. 1152) 等も参照のこと。

（7）Unocal Corp. v. Mesa Petroleum Co., supra note 15 (Ch. 1).

（8）米国（デラウエア州）においては、いわゆるＵＮＯＣＡＬ判決の以降、通常、会社の通常の事業目的のためになされる行為には、いわゆる Business Judgment Rule（経営判断原則）という基準が適用され、敵対的企業買収における対抗措置としてなされる行為には、かかる Business Judgment Rule が適用される前に、まずいわゆるＵＮＯＣＡＬ基準という基準が適用されるようになっている（また、場合により、ＢＬＡＳＩＵＳ基準という異なる基準が適用されることもある）。この点に関し、例えば、デラウエア州最高裁判所の判決である Paramount Communications, Inc. v. Time Inc., Del.Supr., 571 A.2d 1140 (1989), at 1152 の指摘を参照。また、特に、新株発行との関連においては、例えば、Ronald J. Gilson & Bernard S. Black, The Law and Finance of Corporate Acquisitions (2nd ed. 1995), at 1457 Note 4.の指摘を参照。そこで、例えば、前掲注6の事件では、Griggy 1 事件においてはＵＮＯＣＡＬ基準が適用されたが、Griggy 2 事件及び Glazer v. Zapata Corp. 事件においてはＵＮＯＣＡＬ基準が適用されなかった。また、かかる基準の適用の違いは、立証責任の問題にも深く関わっているが、この点については、第三章で詳述する。

（9）例えば、Griggy 1 事件（前掲注6）を参照。なお、Griggy 2 事件（前掲注6）、Glazer v. Zapata Corp.事件（前掲注6）もあわせて参照。

（10）例えば、Griggy 1 事件（前掲注6）を参照。

（11）例えば、Griggy 2 事件（前掲注6）、Glazer v. Zapata Corp.事件（前掲注6）を参照。

（12）例えば、Griggy 2 事件（前掲注6）を参照。

(13) 例えば、Glazer v. Zapata Corp.事件（前掲注6）を参照。なお、Shamrock Holdings v. Polaroid, Del. Ch., 559 A.2d 278 (1989) もあわせて参照。

(14) 例えば、Glazer v. Zapata Corp. 事件（前掲注6）を参照。また、Ronald J. Gilson & Bernard S. Black, supra note 8, at 1457 note 7 の指摘も参照。そして、Condec Corp. v. Lunkenheimer Co., Del. Ch., 230 A.2d 769 (1967); Canadian Southern Oils, Ltd. v. Manabi Exploration Co., Del.Ch., 96 A.2d 810 (1953); Packer v. Yampol, Del. Ch., C.A. No. 8432 (April 18, 1986) (12 Del.J.Corp.L. 332) 及び、Phillips v. Insituform of North America, Inc., Del. Ch., C.A. No.9173 (Aug. 27, 1987)(13 Del.J.Corp.L. 774); Frantz Mfg. Co. v. EAC Indus., Inc., Del.Supr., 501 A.2d 401 (1985) 等の判例もあわせて参照。

(15) この点に関連して、例えば、米国（デラウエア州）の裁判所の判断傾向について指摘をする Gregory v. Correction Connection, Inc., U.S. Dist. E.D. Pa., C.A. No.88-7990 (Mar. 27, 1991) の Note 8.の箇所における次のような指摘は、極めて示唆に富むものと思われる。そこでは、"Delaware courts have long recognized that a board breaches its fiduciary duty when it issues shares for the primary purpose of obtaining or maintaining control, but now courts will measure a board's purpose with the Unocal yardstick and WILL BE QUICK TO DEEM AS A PRETEXT A DECLARED GOAL TO RAISE CAPITAL."（「デラウエア州の裁判所は、取締役会が会社支配の獲得や維持を主要な目的として株式の発行を決議した場合に、それが信認義務に違反すると長く認めてきた。しかしながら、現在、デラウエア州の裁判所は、取締役会の目的をいわゆるＵＮＯＣＡＬ基準のもとで評価し、資金調達のためであると言明された目的を、すばやく口実であると考えるであろう」（大文字の部分は著者による強調））と指摘された。なお、この点について、David A. Drexler, Lewis S. Black, Jr. & A. Gilchrist Sparks, III, Delaware Corporation Law and Practice, Ch.17 § 17.07 at 34-37 (1995) も参照。また、この Gregory v. Correction Connection, Inc. 事件はデラウエア州の事件ではないが、かかる問題に関する同州の判例・学説等を詳細に検討している点で、極めて有意義な判例といえる。なお、この事件に関連して、Gregory v. Correction Connection, Inc., U.S. Dist. E.D. Pa., C.A. No.88-7990 (May 15, 1991) も参照。

(16) ドイツにおける、かかる会社支配の敵対的争いの局面での新株発行の状況につき、例えば、Carsten Thomas Ebenroth/

Angela Rapp, Abwehr von Unternehmensübernahmen, Deutsche Zeitschrift für Wirtschatsrecht 1991,S.3f.; Chryssafoula Papathanassiou, Die grenzüberschreitende Übernahme einer Aktiengesellschaft im deutschen und griechischen Recht - Eine rechtsvergleichende Studie zu feindlichen Übernahmeangeboten-, Europäische Hochschulschriften, Peter Lang 1996, S.164ff.等の文献を参照。また、さらに、Assmann/Bozenhardt, Übernahmeangebote als Regelungsproblem zwischen gesellschaftsrechtlichen Normen und zivilrechtlich begründeten Verhaltensgeboten, Zeitschrift für Unternehmens-und Gesellschaftsrecht Sonderheft 9, 1990, S.112ff.; Otto, Übernahmeversuche bei Aktiengesellschaften und Strategien der Abwehr, Der Betrieb Beil. 12/1988, S.6ff.; Peltzer, Hostile Takeovers in der Bundesrepublik Deutschland ?, Zeitschrift für Wirtschaftsrecht 1989, S.69ff.; Stoll, Rechtliche Aspekte von "feindlichen" Übernahmen von Aktiengesellschaften, Betriebsberater 1989, S.301ff.; Hauschka/Roth, Übernahmeangebote und deren Abwehr im deutschen Recht, Aktiengesellschaft 1988, S.181ff.等の文献もあわせて参照。なお、ドイツでは、東西ドイツの統一後、基本的に従来の西ドイツ法が今日のドイツ法に引き継がれており、また、一九九五年一〇月一日に発効した、連邦大蔵省取引所専門委員会(Börsensachverständigenkommission）によるいわゆる公開買付基準（Übernahmekodex）は、委員会の勧告といういわばガイドラインであるために法的拘束力がないとの指摘がなされている（同基準のArtikel 21を参照。また、この公開買付基準につき、例えば、Assmann, Verhaltensregeln für freiwillige öffentliche Übernahmeangebote-Der Übernahmekodex der Börsensachverständigenkommission-, Aktiengesellschaft 12/1995, S.563 ff. を参照。また、公開買付基準そのものについては、Dokumentation -Übernahmekodex der Börsensachverständigenkommission -, Aktiengesellschaft 12/1995, S.572 ff. を参照。なお、Baum, Der Markt für Unternehmen und die Regelung von öffentlichen Übernahmeangeboten in Japan, Aktiengesellschaft 1996, S. 399ff. は、この公開買付基準をわが国の公開買付制度と比較しながら検討しており、比較法的研究にとり有益である。もっとも、この公開買付基準は、連邦大蔵省取引所専門委員会の一九九七年一一月二八日の公示により改正され、この改正された公開買付基準は、一九九八年一月一日に発効している。この改正公開買付基準については、例えば、Aktiengesellschaft 1998, S.133 ff. を参照）。そのため、かかる新株発行をめぐる問題について、ドイツでは、現在のところ、アメリカ（デ

ラウエア州）におけるようなその後の状況の大きな変化は、それほどみられないといえる。そのため、基本的には、川浜（前掲第一章注7）及び洲崎（前掲第一章注7）の文献における検討が、今日も一応妥当する。そこで、詳細な検討については、これらの文献に譲ることにする。また、福島（前掲第一章注21）の文献、及び、同「ドイツにおける企業防衛措置」一橋研究一六巻四号一一九頁、同「損害回避のための自己株式取得――ドイツ株式法を中心として――」一橋論叢一〇九巻一号一二一頁もあわせて参照。なお、EUでは、近時、公開買付に関する共通指令案（Vorschlag für eine 13. Richtlinie des Europäischen Parlaments und des Rates auf dem Gebiet des Gesellschaftsrechts über Übernahmeangebote, DOK. KOM (95) 655 endg. (7. Feb. 1996): ドイツ語版のものが、Aktiengesellschaft 1996, S.217 ff. に掲載されている）を発表したが、これによれば、加盟国はこの内容を具体化するための国内立法を行い、一九九八年二月一日までに施行しなければならないとされていたようである。この点の詳細につき、例えば、Krause, Der revidierte Vorschlag einer Takeover-Richtlinie (1996), Aktiengesellschaft 1996, S.209 ff.、早川勝「企業結合に関するヨーロッパ会社法と株式公開買付規制の調整」ジュリスト一一〇四号五四頁の他、「EUにおける公開買付けに関する共通指令案」商事法務一四三四号三八頁を参照。また、この点に関連して、従来からの経緯を伝えるものとして、例えば、ジョセフ・P・グリフィン「ECの株式公開買付に関する指令の改訂」国際商事法務一九巻三号二七七頁、及び、布井千博「ECにおけるM&Aの法規制～株式公開買付に関するEC会社法第一三指令案を中心として～（上・下）」国際商事法務一九巻二号一四六頁、一九巻三号三〇四頁等の文献を参照。なお、以上の点に関連して、これらについて包括的に論ずる、近時の文献として、例えば、Klaus J. Hopt, Europäisches und deutsches Übernahmerecht, Zeitschrift für das gesamte Handels-und Wirtschaftsrecht 161 (1997), S. 368 ff. がある。もっとも、その後、EU議会は、この一九九六年の公開買付に関する共通指令案について詳細に検討した後、修正提案を含む意見表明を行い、その結果、EU委員会は、これを受けて、一九九七年一月一〇日に最終的な指令案（Geänderter Vorschlag für eine Richtlinie des Europäischen Parlaments und des Rates auf dem Gebiet des Gesellschaftsrechts über Übernahmeangebote v.10. 11. 1997 - KOM (97) 565 endg.）を提出した。そして、加盟国は、この最終的な指令案に従い、一九九九年一月一日までに、国内法化するための規定を設けるべきであるとされていたようである。こうした最近の経緯の詳細について、例えば、野田輝久「EUとドイツにおける株式公開買付規制」青山法学論集四〇巻二号五五頁を参照。なお、本書の脱稿後、現在、ドイツにおいて、企業買収法(Übernahmegesetz)の制定に向けた新たな動きがあるとの報道に接した。この点につき、例えば、「ドイツにおける企業買収法制定に向けた動き」商事法務一五六二号四四—四五頁を参照。そのため、こうした動きが現実のものとなれば、ドイツ法の状況には、大きな変化が生ずると予測される。また、ドイツ会社法をわが国に紹介しているものとしては、例えば、マークス・ルッター＝木内宜彦編著『日独会社法の展開』(中央大学出版部、一九八八年)がある。

(17)　この点につき、前注の各該当文献を参照。また、江口眞樹子「ドイツにおける株式公開買付の展開」国際商事法務一九巻六号六八八頁もあわせて参照。

(18)　§186 Abs. 1 AktG.

(19)　例えば、典型的な例として、いわゆる Minimax II 事件 (Urteil vom 6. 10. 1960, BGHZ 33, 175) を参照。また、それ以前の戦前のドイツの状況については、わが国に、龍田節「資本多数決の濫用とドイツ法(二)」法学論叢六八巻二号五五頁以下、及び、服部栄三「新株発行と会社支配」企業法研究十周年記念論集三九頁等の優れた研究があり、その詳細についてはこれらの文献を参照。

(20)　§182 Abs. 1 AktG.

(21)　§202 Abs. 1, 2, 3 AktG.

(22)　§186 Abs. 1, 3 AktG.

(23)　§186 Abs. 4 S. 2 AktG.

(24)　§203 Abs. 1, 2 AktG.

(25)　この点に関連して、ドイツ株式法には、わが国の新株発行無効の訴(商法第二八〇条ノ一五以下)にあたるような制度がみられない。また、増資の差止請求についても、ドイツ株式法に明文の規定はない。

(26)　いわゆる Kali und Salz 事件の連邦最高裁判所判決(Urteil vom 13. 3. 1978, BGHZ 71, 40)を参照。また、さらに、Martens, Richterliche und gesetzliche Konkretisierungen des Bezugsrechtsausschlusses, Zeitschrift für Wirtschaftsrecht 1994, S.

669ff.; Ebenroth/Müller, Die Beeinträchtigung der Aktionärsinteressen beim teilweisen Bezugsrechtsausschluß auf Genußrechte, Betriebsberater 1993, S.509 ff.; Lutter, Materielle und förmliche Erfordernisse eines Bezugsrechtsausschlusses, Zeitschrift für Unternehmens- und Gesellschaftsrecht 1979, S. 401 ff. 等の文献もあわせて参照。

(27) もっとも、一九九四年のドイツ株式法の改正により、資本の一〇%を越えず、かつ、取引所の価額を著しく下回らない場合には、株主総会の特別決議により、株主の新株引受権を排除した上で新株発行をなしうる旨が規定された（§186 Abs. 3 S. 4 AktG.)。そこで、こうした点から、かかる実質的要件につき、特別な場合には、そのような実質的要件を満たさなくても新株引受権の排除が可能になる場合もありうる。この点につき、福島（前掲第一章注21）「会社支配の争奪とドイツ株式会社法——取締役の中立義務をめぐって——」四一一頁注17を参照。

(28) また、前掲注26のKali und Salz事件では、総会決議に異議を申し立てる者は、訴訟の原因としてその主張する瑕疵を立証しなければならないが、株主がそうした証拠を提出することは困難であり、事件に必要な資料と情報を自由にできるのは会社の側であることから、会社側は当該決議にとり決定的な諸々の理由を個別的に説明する役割を負う、と指摘された。この点につき、BGHZ 71, S. 48f.を参照。

(29) いわゆるHolzmann事件の連邦最高裁判所判決（Urteil vom 19. 4. 1982, BGHZ 83, 319)を参照。

(30) 例えば、前掲注19のMinimax II事件を参照。また、本件につき、Martens, Der Ausschluß des Bezugsrechts: BGHZ 33, S. 175 Zum Interesse an wirtschaftlicher Selbständigkeit, in Festschrift für Robert Fischer 1979, S. 437 ff. もあわせて参照。なお、このMinimax II事件をわが国に紹介しながら、わが国の判例を評釈するものとして、坂本延夫「新株発行が著しく不公正な方法によるものとはいえないとされた事例」金融・商事判例八二五号三二頁がある。

(31) 本節の一を参照。

(32) 例えば、第二節で分析をした第二次宮入バルブ事件（前掲本章第一節注8）では、買収者の高橋産業グループにより、対象会社である宮入バルブの発行済株式総数の約四七%にあたる株式が取得された。また、いわゆるタクマ事件（前掲本章第一節注8）では、買収者のコスモポリタンにより、対象会社であるタクマの発行済株式総数の約三二%にあたる株式が取得され、そして、いわゆる第一次宮入バルブ事件（前掲本章第一節注8）でも、高橋産業グループにより、宮入バルブの発行済株式総数の約五一％にあたる株式が取得された。

(33)　例えば、第二次宮入バルブ事件（前掲本章第一節注8）では、第二節で詳述したように、高橋産業グループは、宮入バルブの臨時株主総会の開催を図ることにより、宮入バルブの現経営陣の解任及び自派からの新経営陣の選任を実現しようとした。また、いわゆる第一次宮入バルブ事件（前掲本章第一節注8）では、やはり高橋産業グループは、定時株主総会の到来を期して自派からの経営陣の選任を実現すべく、宮入バルブの経営陣と交渉を持っていた。また、いわゆるタクマ事件（前掲本章第一節注8）では、コスモポリタンは、タクマの臨時株主総会の開催を図り、自派からの経営陣選任を実現しようとする動きがみられた。かかる点に関連して、一般に、会社支配に基づく影響力としては、株主総会決議事項である取締役選任を決定できる力のことを想起しがちであるが、ここでは、こうした取締役選任力に限らず、買収者がその株式保有を基礎に対象会社に対して行使しうるあらゆる影響力を想定している。

(34)　例えば、いわゆる第一次宮入バルブ事件（前掲本章第一節注8）では、当該第三者割当増資により、高橋産業グループの持株比率は約五一％から約四〇％に低下したが、その結果、宮入バルブに対する支配が奪われたことは明白である。なお、いわゆるタクマ事件（前掲本章第一節注8）及び第二次宮入バルブ事件（前掲本章第一節注8）においても、当該第三者割当増資により、買収者の持株比率は、それぞれ約三二％から約三〇％へ、そして、約四七％から約三九％へ低下している。なお、この点に関連して、現行商法上、新株の発行に関して、いわゆる授権資本制度が採用されており、また、株主の新株引受権についても、定款に株式譲渡制限の定めがある会社を除き、株主は法律上当然には新株引受権を有しないものとされていることから、かかる買収者の持株比率の低下も、そのことの故に当然にその第三者割当増資を不公正発行とするものではない。この点の詳細につき、本書の第五章第三節を参照。

(35)　なお、この点に関連して、吉本（前掲本章第二節注1）の文献も参照。また、この点に関連して、さらに、本書の第六章第二節も参照。

(36)　この点に関連して、新株発行の差止の事例ではないが、新株発行をめぐり取締役に対して損害賠償が請求された事件において、その発行目的を対抗措置であると認定した、近時の京都地判平成四年八月五日（判例時報一四四〇号一二九頁）の判決は、極めて注目に値すると思われる。また、本件の評釈として、例えば、後藤幸康「商事判例研究・六・一　会社の支配権維持を目的とする新株発行と取締役の責任、二　支配目的の新株の有利発行による株主の損害」判例タイムズ八七五号五二頁、龍田節「新株の有利発行と取締役の責任」商事法務一四二五号三五頁、長野益三「会社の支配権維持を目的とする新株発行と取締役の損害賠償責任」（平成五年度主要民事判例解説）判例タイムズ八五二号一九〇頁、松井（前掲第一章注13）法学協会雑誌一一四巻四号六四頁以下、南川和範「瑕疵ある株主総会特別決議に基づき、支配権確立のために第三者に対して新株の有利発行をなしたことにつき、既存株主から取締役に対する損害賠償請求が認容された事例（平成四・八・五　京都地判）〈民事判例研究〉」法学新報一〇〇巻三・四合併号三五九頁、吉田直「会社の支配権の維持確立を主たる目的としかつ株主総会の適法な特別決議を欠く第三者に対する新株の有利発行につき取締役の任務懈怠に当たるとして商法二六六条ノ三第一項による損害賠償請求が認められた事例」金融・商事判例九二三号四二頁等の文献を参照。また、本件の控訴審判決である大阪高判平成五年一一月一八日（金融・商事判例一〇三六号二六―二八頁）や、例えば、それもあわせて紹介する前述の後藤の文献、それを詳細に検討する吉田直「会社支配権争奪、株主総会の招集通知の欠如および取締役の第三者に対する責任（明星自動車事件）」青山法学論集四〇巻二号九一頁の文献もあわせて参照。なお、本書では、新株発行の差止の場合に焦点を合わせながら、検討を行うものである。

(37)　本章の第二節を参照。

(38)　なお、このように、外国法の立場（アメリカの状況）を基に、多様な要素を十分に取り込み、第三者割当増資の発行目的の認定を行う場合にも、そこには、なお法理論上の問題点が伴うと考えられる。そこで、この点については、本書の第六章第二節で、別に検討することにする。

第五節　小　括

以上の検討から、わが国の判例理論には、会社支配をめぐり敵対的争いの存する場合の第三者割当増資につき、本来対抗措置として認定さるべきかかる第三者割当増資を、その他の通常の場合における新株発行と同様に、資金調達目的のためになされるものと認定し、ほぼ無批判にこれを承認しているところに問題があることが示された。(1)

わが国の判例理論は、いわゆる主要目的理論を採用し、問題となる第三者割当増資の発行目的の認定にあたり、主に対象会社の資金需要の有無という要素のみを考慮しているが、わが国の批判学説の検討及び比較法的検討の結果、かかる発行目的の認定にあたっては、当該第三者割当増資を取り巻く多様な要素を十分に取り込み、複眼的・客観的に不公正発行の判断を行うことが要請されるように思われる。(2)そして、かかる多様な要素の具体的な内容としては、資金需要の有無という要素の他に、例えば、(ア)新株の発行価額の低さはどの程度のものか、(3)(イ)何故、買収者以外の対象会社と友好的な関係にある会社に対してのみ、新株を割り当てたのか、(ウ)（また、(イ)と密接に関連しながら）新株の取得者が、その議決権を行使するにあたり、対象会社の経営者がその議決権行使につき影響力を及ぼす虞があるか否か、(エ)第三者割当増資により、買収者は対象会社に対する支配を奪われることになるか否か、(オ)第三者割当増資の計画が長期間にわたり考慮されていたものか否か、等の諸要素を指摘することができる。そして、かかる諸要素を十分に取り込み、複眼的・客観的に不公正発行の判断を行った場合、会社支配をめぐり敵対的争いのある場合の第三者割当増資につき、その発行目的の多くが対抗措置としてなされるものと認定されることになると思われる。(4)

そして、このように、敵対的企業買収の際になされる会社支配の変動を阻止しうる第三者割当増資を、基本的に対抗措置としてなされるものと認定することには、(5)さらに次のような意義を見出しうると思われる。すなわち、既述のように、敵対的企業買収が成功し、買収者がその株式保有を基礎に対象会社に対する支配を取得すると、その影響力行使の結果、例えば、対象会社の従来の経営方針・政策が変更され、対象会社の株主をはじめとする多くの会社利害関係者に影響が及ぶ。そして、その結果、会社の経営効率性がさらに改良・促進されることもあれば、逆に、それまで優良・健全に経営されていた会社から活力が奪われ、その会社に関わるこれらの利害関係者に不利益を生じさせることもある。そこで、対象会社に対する支配が買収者へと強制的な形で変動する、敵対的企業買収のかかる実態に着目した場合、こうした会社利害関係者の利害が直接関わってくることになる。(6)そこで、このように、対抗措置として認定することにより、会社支配の移転・変動の局面における利害を直接的に認識しうるようになり、(7)資金調達目的でなされるとの認定のもとでは十分に考慮されることのなかった、敵対的企業買収に伴う多くの会社利害関係者の利害を十分に斟酌しうるようになると思われる。そして、その結果、敵対的企業買収の実態に即したより合理的な利害調整が新たに可能になるものと思われる。(8)

ところで、以上の検討に対して、わが国の判例理論が、このように、本来対抗措置として認定さるべきかかる第三者割当増資を、従来、資金調達の目的のためになされるものと認定してきたことの背景について、さらに考察が必要であると思われる。そこで、この点について検討すると、わが国の裁判所は、これまでの検討から明らかなように、確かに、判例の理論・表現の上では、かかる第三者割当増資を対抗措置であるとは認定してはいない。(9)しかしながら、判例の結論等から推察すると、おそらく、わが国の裁判所としても、事案の本質的な争点が対抗措置であるということは、少くとも理解しているように思われる。(10)それでは、もし、そうであるとすると、何故、わが国の裁判所は、従来、かかる第三者割当増資を資金調達目的というものに結び付けてきたのであろうか。それは、思うに、結局、わが国では、以下の第三章（アメリカ法）、第四章（ドイツ法）において検討するような、これらの外国法にみられる、いわゆる対抗措置の法理論というものが、従来、確立されていなかったために、事案に応じた柔軟で合理的な解決を著しく困難にするという面があったからではないかと推測される。(11)そこで、会社の資本調達の機動性の観点から授権資本制度が導入され、取締役会に新株発行権限が与えられたという、昭和二五年の改正法の立法趣旨(12)に仮託した理論が採られてきたのではないか、と思われる。(13)そこで、かかる点から、もし、事案の本質的な争点が対抗措置であると認められる場合に、事案としてはとにかく第三者割当増資の効力を維持すべきであると判断されるときには、資金調達の目的が主要目的か否かという問題設定を行い、主要目的を資金調達目的であると認定し、当該第三者割当増資を不公正発行ではないと結論付けてきたものと、推測される。(14)しかしながら、もし、わが国の判例理論の背景が、実際に、このようなものであるとすれば、わが国の裁判所には、その認定・判断のあり方につき、極めて大きな裁量の幅があることになり、場合により、それが恣意に流れる危険性もありうるといえる。(15)

それでは、かかる対抗措置として認定さるべき第三者割当増資の公正性の判断は、いかに行われるべきであろうか。それは、いかなる内容の法基準に基づき判断されるべきであろうか。そこで、これらの点について検討してゆくために、以下の第三章では、かかる対抗措置の問題がアメリカではいかに取り扱われているのか、アメリカにおける対抗措置の法理論につき検討してゆくことにしたい。判例法が中心的役割を果たすアメリカでは、かかる対抗措置の問題に関して非常に豊富な経験があり、とりわけ一九八五年のデラウエア州最高裁判所による、いわゆるUNOCAL判決(16)の以後ごく最近までの間に、同州を中心として新たな法理論が形成・発展している。また、アメリカでは、州の制定法においても注目すべき立法がみられる他、ALI（American Law Institute: アメリカ法律協会）からも示唆に富む分析及び勧告がなされている。そこで、かかるアメリカ法の状況を詳細に検討しておくことは、極めて有意義であると思われる。

（1）　この点に関連し、川浜（前掲第一章注7）民商法雑誌九五巻四号一、一〇頁も参照。

（2）　この点に関連し、洲崎（前掲第一章注7）民商法雑誌九四巻六号二三—二六頁も参照。なお、そこでは「取締役の支配目的を認定するには、……（中略）……新株発行の計画策定から実行までの経緯（以下単に新株発行のプロセスという）を詳細に審査することが——特に通例急激な支配権争奪が問題となる公開会社事例においては——有益である」と指摘し、新株発行のプロセスの審査に関して木目の細かな検討を試みているが、かかる指摘は、その意味で正当である。

（3）　その点で、この要素は、いわゆる株式の第三者に対する有利発行の問題（商法第二八〇条ノ二第二項参照）にも関わることになる。また、この点に関連して、森本（前掲第一章注10）二二六頁も参照。

（4）　この点に関連して、さらに第五章第四節注4を参照。もっとも、この点に関連して、すでに前節の注38で指摘したように、このように、多様な要素を十分に取り込み、第三者割当増資の発行目的の認定を行う場合にも、そこには、さらに法理論上の問題点が伴うものと考えられる。そこで、この点については、そこで断ったように、本書の第六章第二節で検討を行うことにする。

（5）　そこで「基本的に」と断っているように、事案によっては、たとえ会社支配の変動を阻止しうる第三者割当増資の場合であっても、なお資金調達の目的でなされるものと認定される場合もありうると思われる。もっとも、この点につき、本書の第六章第二節も参照。

(6) もちろん、会社が通常に経営されている場合にも、かかる会社利害関係者の利害への影響はあるといえる。しかしながら、対象会社の従来の経営方針・政策が強制的に変更される虞のある、敵対的企業買収の場合には、かかる会社利害関係者の利害への影響はより顕在化され、より深刻なものとなる。

(7) なぜなら、対抗措置として認定することは、当該第三者割当増資を会社支配の移転・変動を意図的に阻止する目的でなされるものと捉えることだからである。

(8) もっとも、この点に関して、確かに、会社利害関係者の利害の中でも、取引先、従業員、地域社会一般等の利害は、伝統的には、会社法の直接的保護法益からは外れるため、これらの利益を一切捨象してしまってもよいとする立場もありえる。しかしながら、これに反して、これらの利益が究極的には会社・株主等の会社法上の直接的保護法益の利益に還元される場合もあるのであり、これらの利益を社会の実態を反映させできる限り斟酌してゆくべきであるとの立場も、外国法を中心に、強く主張されている。そこで、かかる敵対的企業買収に伴う多くの会社利害関係者の利益を斟酌してゆくことが、果たして、伝統的な会社法理論に適合するものであるのか否かにつき、その理論的な検討が重要になると思われる。また、そもそも、このように対抗措置として位置付けることが、会社法上いかなる理論的意義を有するのかについても、その検討が必要であると思われる。そこで、これらの点については、それぞれ、本書の第六章第一節及び同章第二節において、別に詳細に検討することにする。

(9) その例外として、前節の注36ですでに指摘したように、京都地判平成四年八月五日の判決がある。もっとも、すでにそこで断ったように、この事件は、新株発行の差止の事例ではなく、新株発行をめぐり取締役に対して損害賠償が請求された事例であるが、極めて注目に値する判決といえる。この点につき、前節の注36を参照。なお、やはり同箇所で紹介した、その控訴審判決である大阪高判平成五年一一月一八日の判決もあわせて参照。

(10) 同様の指摘をなすものとして、他に、松井（前掲第一章注21）法学協会雑誌一一四巻四号六九頁を参照。また、この点に関連して、森田（前掲第一章注11）六頁、坂本（前掲本章第四節注30）三八―三九頁もあわせて参照。

(11) この点に関して、本章の第二節で検討したように、わが国では、裁判所によりいわゆる主要目的理論が採用されているが、そこでは、従来より、いわゆる対抗措置の法理論というものが確立されていなかったために、もし、新株発行の主要目的が、会社の資金調達（あるいは、他の会社との資本提携、従業員持株制度の推進等）のためであるとは考えられない場合には（すなわち、対抗措置のような場合には）、それは即不公正発行であると判断されることになると思われる。しかしながら、これに対して、アメリカやドイツでは、以下の第三章及び第四章で詳細に検討するように、従来から、対抗措置に関する法理論が確立されているために、そこでは、とられた対抗措置は即不公正であるとは判断されずに、さらに、その妥当性ないし合理性について、裁判所により柔軟で合理的な司法審査が行われている。

(12) この点に関し、第七回国会衆議院法務委員会議録第三号二頁の他、例えば、大森忠夫「授権資本制度の系譜」法学論叢五七巻一号四四、五七頁、鈴木・竹内（前掲本章第一節注1）四一一四二、三九一頁等の文献を参照。

(13) この点につき、松井（前掲第一章注21）法学協会雑誌一一四巻四号六九頁を参照。

(14) なお、この点に関連して、敵対的企業買収の事例ではなく、小規模閉鎖会社の事例であり、また、不公正発行を理由に新株発行の無効が請求された事例ではあるが（他に、瑕疵ある取締役会での新株発行決議に基づくことも理由とされている）、近年の最一小判平成六年七月一四日（判例時報一五一二号一七八頁、判例タイムズ九四八号一六頁）の事件では、たとえ不公正発行であると結論付けられた新株発行であっても、特別な事情の有無に関わりなく、その効力は有効である旨が判示されたが、そこでも、事案としてはとにかく新株発行の効力を維持すべきであると判断されたものと推測される。なお、本件について、さらに本書の第六章第二節注6も参照。

(15) この点につき、さらに本書の第六章第二節を参照。

(16) Unocal Corp. v. Mesa Petroleum Co., supra note 15 (Ch. 1).

第三章　アメリカ法

第一節　経営判断原則

米国においては[1]、従来、かかる対抗措置の問題について、それをその他の会社の通常の事業目的のためになされる行為の場合と特に区別することなく、一般的に、Business Judgment Rule（経営判断原則）とよばれる基準を適用することにより対処してきた[2]。ここに、経営判断原則とは、一九世紀以来米国において生成・発展した判例理論の一つであり、一般に、経営者の行為が会社の利益のために適切に行われたと推定し、経営者による判断内容の審査を原則として行わないとする考え方である。そのため、もしかかる理論が適用される場合には、仮に経営者の経営判断が会社に損害をもたらす結果を生じた場合でも、信認義務（注意義務）違反として経営者の責任を直ちに問うべきではないとされることになる。

すなわち、かかる理論によれば、経営者による事業の決定について、会社の経営者が、事業決定をなすにあたっては（in making a business decision）、情報に基づき（on an informed basis）、誠実に（in good faith）、なされた行為が会社の最善の利益になると正直に信じて（in the honest belief that the action taken was in the best interests of the company）、行為したものと推定するとされている。(3) そして、その適用にあたっては、経営者のかかる決定を攻撃する側に、その推定を覆すような事実を証明する責任があるとされている。(4) そこで、こうした結果、もしもかかる推定が覆されなかった場合には、もし経営者の当該決定が何らかの合理的な事業目的ありとしうる場合には、裁判所は、それ自身の判断をもって経営者の判断に代える（substitute）ことはしないとされる。(5) しかし、これに反して、もしかかる経営判断原則による推定が覆された場合には、いわゆる「全体として公正な基準」(Entire Fairness Standard）が適用されることになり、この場合には、経営者の当該決定・行為に関し、通常、公正な取引（fair dealing）と公正な価額（fair price）の両面にわたり、裁判所による厳密な審査が行われることになる。(6) そして、一般的に、経営判断の対象に経営者が個人的な利害関係を持つ場合や、経営判断が会社に違法行為をさせる決定であるような場合には、経営判断原則の適用はないとされている。そのため、これらの点から、かかる経営判断原則の機能については、経営者によりなされた決定を保護し（ないしは、なされた決定の個人責任から経営者を保護し）(7)、裁判所による事後的な介入を排除する効果をもつものと一般的にいわれている。

このように、米国では、従来、対抗措置の問題について、かかる経営判断原則が一般的に直接適用されることにより、多くの場合において、経営者による対抗措置は裁判所によって厳密に審査されることなく、比較的容易に承認されてきた。しかしながら、米国におけるかかる傾向は、一九八五年のデラウェア州最高裁判所によるいわゆるＵＮＯＣＡＬ判決(8)を期に大きく変化し、現在では、かかる対抗措置の問題についていわゆるＵＮＯＣＡＬ基準が適用されることにより、こうした経営判断原則が直接適用されるということは、（デラウェア州では）一般的に見られなくなっている。[9]

そこで、以下では、かかる判例傾向の転換点となったＵＮＯＣＡＬ判決について、検討してゆくことにしたい。[10]

（1）なお、すでに度々断ったように、本書では、米国の会社法実務・理論に極めて大きな影響を与えその指導的役割を担っている、デラウエア州の状況に特に焦点を合わせている。

（2）例えば、Dennis J. Block, Nancy E. Barton & Stephen A. Radin, supra note 3 (Ch.2 § 4), at 4, 236-237 を参照。ただし、第二章第四節注8で指摘したように、デラウエア州では、いわゆるＵＮＯＣＡＬ判決（前掲第一章注15）の以降、通常、対抗措置としてなされる行為には、かかる Business Judgment Rule が適用される前に、まずいわゆるＵＮＯＣＡＬ基準という基準が適用されるようになっている（また、場合により、ＢＬＡＳＩＵＳ基準という異なる基準が適用されることもある）。また、本書では、第二章第四節注2でも断ったように、川浜（前掲第一章注7）及び洲崎（前掲第一章注7）の文献以後の、近時のアメリカ法の状況を中心に検討を行う。それゆえ、それ以前のアメリカ法の状況については主にこれらの文献を参照。

（3）例えば、Aronson v. Lewis, Del.Supr., 473 A.2d 805, 812 (1984); Unitrin, Inc. v. American General Corp., supra note 4 (Ch.2 § 4), at 1373 の指摘を参照。また、David A. Drexler, Lewis S. Black, Jr. & A. Gilchrist Sparks, Ⅲ, supra note 15 (Ch.2 § 4), Ch.15 § 15.03; Smith v. Van Gorkom, Del.Supr., 488 A.2d 858 (1985) もあわせて参照。

（4）例えば、Aronson v. Lewis, supra note 3, at 812; Unitrin, Inc. v. American General Corp., supra note 4 (Ch.2 § 4), at 1373 の指摘を参照。

（5）例えば、Sinclair Oil Corp. v. Levien, Del.Supr., 280 A.2d 717, 720 (1971); Unocal Corp. v. Mesa Petroleum Co., supra note 15 (Ch.1), at 954; Unitrin, Inc. v. American General Corp., supra note 4 (Ch.2 § 4), at 1373 の指摘を参照。

（6）この点に関連し、例えば、Unitrin, Inc. v. American General Corp., supra note 4 (Ch.2 § 4), at 1371 Note 7 の指摘、Cinerama, Inc. v. Technicolor, Inc., Del. Supr., Fed.Sec.L.Rep.(CCH) P98812 (1995) 等を参照。また、Aronson v. Lewis, supra note 3, at 812-817; Weinberger v. UOP, Inc., Del.Supr., 457 A.2d 701, 710-711 (1983); Nixon v. Blackwell, Del.Supr., 626 A.2d 1366, 1376 (1993), 及び、Cede & Co. v. Technicolor, Inc., Del.Supr., 542 A.2d 1182 (1988), 634 A.2d 345 (1993), 636 A.2d 956 (1994) 等の判例もあわせて参照。

（7） この点に関連して、いわゆる経営判断原則を、business judgment rule（経営判断のルール：なされた決定から生じる損害についての責任から、個々の経営者を保護するもの）と business judgment doctrine（経営判断の理論：なされた決定それ自体を保護するもの）とに区別する指摘がある。この点につき、Joseph Hinsey IV, Business Judgment and the American Law Institute's Corporate Governance Project: The Rule, the Doctrine, and the Reality, 52 Geo.Wash.L.Rev. 609, 610-613 (1984) を参照。しかしながら、裁判所では、一般的に、Business Judgment Rule という用語のもとにこの両者を特に区別していないので、本書では、Business Judgment Rule を経営判断原則という訳語で表現することにした。また、この点に関連して、Dennis J. Block, Nancy E. Barton & Stephen A. Radin, supra note 3 (Ch.2 § 4), at 4, Note 13 も参照。

（8） Unocal Corp. v. Mesa Petroleum Co., supra note 15 (Ch. 1).

（9） 本書は、デラウエア州の状況に特に焦点を合わせている。そのため、ここでの指摘はデラウエア州の状況に関するものであり、米国の他の法域においては、今日でも、対抗措置の問題について、かかる経営判断原則が直接適用されるということがしばしば見受けられる。

（10） なお、こうした経営判断原則については、本文で述べたように、判例理論として発展してきたものであり、州の制定法の規定の中でこの考え方を定めるものは、一般的にみられない。しかしながら、このような経営判断原則を公式化しようとする試みが、ＡＬＩ（アメリカ法律協会）によりなされている。そして、そこでは、A director or officer who makes a business judgment in good faith fulfills the duty under this Section if the director or officer（誠実に経営判断を行う取締役または役員は、彼らが以下の場合には、本条のもとでその注意義務を履行するものとする）: ⑴ is not interested [§ 1.23] in the subject of the business judgment（当該経営判断の対象に利害関係を有しておらず）; ⑵ is informed with respect to the subject of the business judgment to the extent the director or officer reasonably believes to be appropriate under the circumstances

（当該取締役または役員が、その状況のもとで適切であると合理的に信じる程度に、当該経営判断の対象について情報を有しており）; and (3) rationally believes that the business judgment is in the best interests of the corporation.（かつ、当該経営判断が、会社の最善の利益になると相当に信じる、場合である）と、規定している。この点につき、The American Law Institute, Principles of Corporate Governance: Analysis and Recommendations, § 4.01 (c)（アメリカ法律協会、コーポレート・ガバナンスの原理：分析と勧告、第四・〇一条(c)項）, Vol.1, at 139, 141-143, 172-186 (1994) を参照。そこで、このように、ＡＬＩ（アメリカ法律協会）の規定では、経営判断原則を、判例理論のように推定の問題とは捉えてはいない。しかしながら、ＡＬＩ（アメリカ法律協会）の規定は、その第四・〇一条(d)項において、取締役または役員の行為を攻撃する側に、経営判断原則が適用されないことを含め、取締役または役員が注意義務に違反したことを立証する責任を課している。そこで、こうした点から、経営判断原則を推定の問題と捉える判例理論とＡＬＩ（アメリカ法律協会）の立場とは、機能上は同様の結果を達成するものであり、実際には大きく異ならないと指摘されている。この点につき、id., § 4.01 (d), Vol.1, at 139, 143-144, 187-188 を参照。また、このようなＡＬＩ（アメリカ法律協会）による「コーポレート・ガバナンスの原理：分析と勧告」について、これをわが国に紹介するものとして、例えば、『コーポレート・ガバナンス―アメリカ法律協会「コーポレート・ガバナンスの原理：分析と勧告」の研究』日本証券経済研究所・証券取引法研究会国際部会訳編（一九九五年）がある（ただし、この本は、主として、一九九二年に公表されたＡＬＩ（アメリカ法律協会）の最終案に基づいている）。また、メルビン・Ａ・アイゼンバーグ／翻訳＝前田雅弘「コーポレート・ガバナンスの原理」概説（上・中・下）商事法務一三六八号六八頁、一三六九号二三頁、一三七〇号三〇頁も参照。なお、本書では、この「コーポレート・ガバナンスの原理：分析と勧告」について、その引用・訳出にあたり、一九九四年にＡＬＩ（アメリカ法律協会）から出版された、二巻本からなる確定版の内容に基づいている。

第二節　UNOCAL基準

まず、事実の概要について述べる。買収者であるMesa社は、対象会社であるUnocal社の株式の約一三%を所有する株主であった。一九八五年四月八日、Mesa社は、Unocal社の社外株式六千四百万株(約三七%に相当)に対し、一株当たり五四ドルの価額で、二段階の高圧的(front loaded)な現金公開買付を開始した。そして、二段階の後段では、残りの株主に対し、一株当たり五四ドルの価値を有する証券で交換することが計画されていた。かかる状況の中、同年四月一三日に、Mesa社の公開買付を検討するためにUnocal社の取締役会が開催され、一三人の取締役が出席し、九時間半にわたり審議がなされた(なお、Unocal社の取締役会は、八名の独立社外取締役(independent outside directors)と六名の社内取締役から構成されていた)。そして、取締役会は、同社の財務顧問(Goldman Sachs & Co.やDillon, Read & Co.)より、Mesa社の提案は完全に不適当であるとの意見を受け、その根拠につき議論を行った。また、同社の財務顧問は、利用可能な多様な対抗措置についても説明し、その一つとして、一株当たり七〇ドルから七五ドルの範囲内の合理的な価額で、Unocal社自身の株式に対して自己買付(a self tender)を行うことが示された(1)。そして、この自己買付が実行されると同社に六一億ドルから六五億ドルの追加的な負債が生じるが、しかし、それは実行可能であることも示された。その後、八名の独立社外取締役は、Unocal社の財務顧問や弁護士に個別的に会い、全員一致で取締役会に対し、Mesa社による公開買付は不適当であるので拒絶すべきこと、及び、Mesa社の提案の代わりに公正な価額を株主に提供すべく自己買付を行うべきこと、を助言することに合意した。その後、Unocal 社の取締役会が再び開催され、Mesa 社による公開買付は著しく不適当であるとして、それを拒絶するとの決定を全員一致で採択した。これらの後、同年四月一五日に、再び取締役会が開催され、Unocal 社の財務担当副会長及びその助手は、同社の株主に対し社債でもって交換することを詳細に説明し、取締役は最終的に一株当たり七二ドルの交換価額に同意した。また、この決定は、投資銀行の助言を信頼して行われた。そして、この助言及び取締役会自身の検討に基づき、Unocal 社の取締役は全員一致でこの交換買付を承認した。その内容は、もしも Mesa 社が Unocal 社の株式六千四百万株を取得した場合に、Unocal 社は残りの四九％の社外株式に対して、一株当たり七二ドルの価値を有する社債との交換で買付を行うというものであった。そして、Mesa 社の所有する株式は、その交換の対象から除外 (exclusion) されていた。その後、同年四月一七日に、Unocal 社は交換買付を開始し、Mesa 社は直ちにデラウエア州衡平法裁判所 (Court of Chancery of Delaware)[2] に、その交換買付の差止を求めて訴えを提起した。そして、その後、原審で敗訴した Unocal 社は、デラウエア州最高裁判所に対し中間上訴 (interlocutory appeal) を提起したというものである。

そして、本件では、Unocal 社の取締役会は、会社企業 (corporate enterprise) に害があると合理的に知覚される企業買収の脅威に対抗する (oppose) 権限及び義務を有していたか、そして、もし有していたとすれば、その行為には経営判断原則の保護が与えられるか、ということが主要な争点となった。[3] この点に関連して、Mesa 社は、Unocal 社による差別的な交換買付はその有する信認義務に違反し、Mesa 社を除外していることから経営判断原則は適用されないと主張した。すなわち、Unocal 社の取締役は、自己の有する株式に買付をすることにより、そこから同社の株主全員には利用することのできない財務上の利益を得ようとしている旨主張した。これに対して、Unocal 社側は、同社の取締役会は、Mesa 社による五四ドルの二段階公開買付は強制的 (coercive) でかつ不適当であると合理的に、誠実に結論付けたものであり、その交換買付の承認は誠実に、情報に基づき、相当の注意（due care）をもって行われたと主張した。そして、Unocal社の取締役は、同社及び同社の株主をMesa社による害のある方策から守るために、この措置を適切に行った旨主張した。

以上が本件の事実の概要である。(4) そして、本件において、デラウェア州最高裁判所は、以下のような画期的な説示を示すことにより、結論的に原判決を破棄し差止を取り消した（その結果、最終的にはUnocal社側が勝訴することになった）。

すなわち、裁判所は、まず、取締役会が会社の営業及び業務（business and affairs）の経営に関し、州会社法上広汎な権限を授与されていることを確認した上で、(5) かかる授権から、もし取締役が会社における自己の地位を維持することを唯一または主要な（sole or primary）目的として行為した場合を除き、会社は株式の取得において株主と選択的に（selectively）取引をしてもよいと指摘した。そして、取締役会のかかる権限は、株主を含む会社企業を合理的に知覚された害から守るという基本的な義務及び責務（duty and obligation）に由来しており、そのため、基本的な会社上の変更の問題を含む会社統治（corporate governance）の幅広い場面において、取締役会は単なる「受動的な道具」（a passive instrumentality）ではない旨指摘した。(6) そして、これらの原理から、企業買収の状況においても経営判断原則が適用され、企業買収に直面した取締役会は当該買付が会社及び株主の最善の利益に合致しているか否かにつき決定する責務を有し、その点において取締役会の義務はそれが負う他のいかなる責任とも異なるものではないと指摘された。(7)

しかしながら、その上で、裁判所は、さらに次のような従来にみられない新たな説示を示した。すなわち、裁判所は、（敵対的企業買収のように会社支配への脅威が関わる局面では）、取締役会が会社及び株主の利益よりも主に自己の利益において行動するかもしれぬという「どこにでもいるお化け」(the omnipresent specter) が存在し、取締役による客観的な決定が困難になるため、[8] 経営判断原則による保護がそれに与えられる前に、裁判所は取締役会に課せられる高度の義務 (an enhanced duty) の履行につき司法審査を行わなければならないと指摘した。そして、その司法審査の内容としては、かかる本来的な利益衝突 (inherent conflict) に直面する取締役は、まず、(ア)買収者の株式所有のために、会社の政策や効率性に対し危険が存在すると信じるにあたって合理的な根拠を有していたこと、を証明しなければならないとされた。[9] そして、その上で、さらに、衡量の観点から、(イ)とられた対抗措置が、生じた脅威との関係において合理的であったこと、も立証しなければならないとされた。[10] そして、これらの立証が満たされてはじめて、取締役会の決定が経営判断原則による保護を受けることになると指摘した。また、これらの点に関連して、(ア)の立証については、この立証は取締役の誠実さと合理的な調査を示すことによって満たされるとされ、さらに、かかる立証は社外の独立した取締役 (outside independent directors) の多数からなる取締役会の承認によって、実質的に補強されると指摘された。[11] また、(イ)の立証については、取締役による、企業買収の性質や会社企業に対するその影響を分析することが必要であるとされ、その例として、例えば、買付価額の不適当さ、買付の性質や時期、違法性の問題の有無、株主以外の構成要素＝会社利害関係者 (constituencies: すなわち、債権者、顧客、従業員、あるいは、地域社会一般さえも) への影響、買付が開始されない際のリスク、交換される証券の質、そして、基本的な株主の利益等が指摘された。[12]

そして、これらの点から、本件においては、かかる内容が各々満たされていると判断され、Unocal 社の取締役会の決定は経営判断原則の保護を受けることになると指摘されたのである。そして、結論的に、Unocal 社側を勝訴させたというものである。

このようにして、このUNOCAL判決は、対抗措置の問題につき、経営判断原則は直接的には適用されず、この原則が適用されるには対象会社の経営者の側で前述の(ア)及び(イ)の二点につきまず立証し、裁判所による司法審査を受けなければならないことを明らかにした(13)。そして、かかるUNOCAL判決によって示された基準＝UNOCAL基準は、その後も、米国において、こうした対抗措置の問題を法的に評価する上で、その基本的な基準として重要な位置を占めているのである(14)。

しかしながら、かかるUNOCAL基準に対しては、その後、一九八八年にデラウエア州衡平法裁判所によって判断のなされたいわゆるBLASIUS判決(15)をきっかけに、UNOCAL基準とは異なりさらに厳格な基準であるとしばしば指摘のされるBLASIUS基準が、訴訟当事者により主張されたり、裁判所によって適用されることが、次第に見受けられるようになってきた。そして、特に、会社支配における株主の議決権の問題が直接関わるような事例において、多くの主張がみられている。

そこで、以下では、かかるBLASIUS基準について、検討してゆくことにしたい(16)。

(1) すなわち、本件では、当初より対抗措置としてなされるということが明白な事例であった。それゆえ、第二章第四節で指摘したように、経営者の当該行為が会社の通常の事業目的のためになされるものか、あるいは対抗措置としてなされるものか、という評価・区別の問題は、本件では争点とならなかった。

(2) デラウエア州では、米国の他州と異なり、主に会社・商事関係の事件等を管轄するための衡平法裁判所が設置されている(同裁判所前所長の William T. Allen 教授によれば、約七〇%の事件が会社法関係の事件であるとのことである)。そこで、かかる対抗措置の事件も、まず衡平法裁判所において受付られることになる。この点につき、10 Del.C. § 341, § 342、及び、8 Del.C. § 211, § 220, § 225 等を参照。そのため、衡平法裁判所の裁判官には、通常、会社法及び商事法の専門家が就任しており、他州に比べ極めて迅速かつ効率的な裁判が行われているといわれる。この点は、デラウエア州衡平法裁判所の大きな特徴であり、極めて示唆に富むものと思われる。

（3）493 A.2d 946, 953.

（4）id., at 949-953.

（5）8 Del.C. § 141 (a) を参照。また、さらに、8 Del.C. § 160 (a) もあわせて参照。

（6）そこでは、伝統的に基本的な会社上の変更とされてきた、定款の修正、吸収合併、資産の売却、そして、解散においてさえも、取締役の行為が、それらの究極的な処分に対し前以て必要とされていることが指摘されている。493 A.2d 946, 954, Note 8.

（7）なお、この点に関連して、このＵＮＯＣＡＬ判決の翌年にやはりデラウエア州最高裁判所によって判断のなされたいわゆるＲＥＶＬＯＮ判決では、対抗措置の場面とは異なり会社がすでに売却（for sale）に出されていると法的に判断される局面では、取締役会の責務はかかる会社の防御人（defenders）から競売人（auctioneers）へと変化し、会社の売却にあたって株主のために最高価額を獲得する責務を負うことになると指摘された。この点につき、Revlon, Inc. v. MacAndrews & Forbes Holdings, Inc., Del.Supr., 506 A.2d 173, 182 (1986) を参照。なお、かかるＲＥＶＬＯＮ判決にみられる会社売却の局面における法的問題は、本書の考察対象からは外れるため、必要のある限度で参照するにとどめる。

（8）493 A.2d 946, 954-955. また、この点に関連し、Bennett v. Propp, Del.Supr., 187 A.2d 405, 409 (1962)、及び、Unitrin, Inc. v. American General Corp., supra note 4 (Ch.2 § 4), at 1373 も参照。

（9）id., at 955. また、この点に関連して、Cheff v. Mathes, Del.Supr., 199 A.2d 548, 554-555 (1964) を参照。

（10）493 A.2d 946, 955.

（11）id., at 955. また、この点に関連して、Aronson v. Lewis, supra note 3 (§ 1), at 812, 815 を参照。

（12）493 A.2d 946, 955-956. また、この点に関連して、Shamrock Holdings, Inc. v. Polaroid Corp., Del.Ch., 559 A.2d 257, 270-271 (1989)も参照。なお、この点に関連して、前掲注7で指摘をしたいわゆるＲＥＶＬＯＮ判決では、ＵＮＯＣＡＬ判決がこ

のように取締役による株主以外の会社利害関係者への影響を考慮することを認めている点に関して、次のような指摘を行った。すなわち、そこでは「そのような考慮は許されるが、それには基本的な制限があり、もし、そこに株主に生じる合理的に関連のある利益（rationally related benefits accruing to the stockholders）がある場合に、取締役会はその責務を果たすにあたって、様々な会社利害関係者を考慮することができる。しかしながら、活動中の買付者間で競売が進行し、対象となる会社がもはやその会社企業を保護あるいは維持するのではなく、それを最も高額の買付者に売却する場合には、株主以外の利害関係者へのそのような配慮は不適当である」と指摘された（この点につき、Revlon, Inc. v. MacAndrews & Forbes Holdings, Inc., supra note 7, at 182 を参照）。そこで、ＲＥＶＬＯＮ判決におけるかかる指摘をＵＮＯＣＡＬ判決におけるここでの指摘とあわせて読むと、デラウエア州最高裁判所は、会社がすでに売却に出されているという局面では、取締役は株主以外の会社利害関係者への影響を考慮することはできないが、会社が売却に出される前では、取締役は、株主に合理的に関連性のある利益が生じる範囲内で、株主以外の会社利害関係者への影響を考慮することができると解しているように読める。この点につき、これと同旨の指摘を行うデラウエア州最高裁判所の判決として、Mills Acquisition Co. v. MacMillan, Inc., Del.Supr., 559 A.2d 1261, 1282 Note 29 (1989) がある。しかしながら、このＭＡＣＭＩＬＬＡＮ判決の直後になされたデラウエア州最高裁判所によるいわゆるＴＩＭＥ判決では、ＵＮＯＣＡＬ判決と同様に「取締役は株主以外の会社利害関係者への影響を考慮することができる」とのみ指摘している他、会社実体の保護が強調されており、ＲＥＶＬＯＮ判決及びＭＡＣＭＩＬＬＡＮ判決との関連性につき不明確な点がある（この点につき、Paramount Communications, Inc. v. Time, Inc., supra note 8 (Ch.2 § 4), at 1153 を参照）。そこで、これらの点から、かかる判例状況について、学説上、例えば、「取締役会は株主以外の会社利害関係者の利益を保護する権限を有すべきであるが、その行為の故に生じる株主へのいかなる否定的な影響も過度のものではない (not excessive) ことを説明することが要求さるべきである」と指摘する有力な見解がみられる。かかる見解として、Robert A. Ragazzo, Unifying The Law of Hostile Takeovers: Bridging The UNOCAL/REVLON Gap, 35 Ariz.L.Rev. 989, 1035 (1993) を参照。また、この点に関連して、さらに本章第五節注11及び注15を参照。

(13)　そのため、かかるＵＮＯＣＡＬ判決にみられる司法審査のあり方は、一般に「高められた司法審査」(Enhanced Judicial

Scrutiny）とよばれている。この点につき、例えば、Unitrin, Inc. v. American General Corp., supra note 4 (Ch.2 § 4), at 1373 を参照。また、Moran v. Household Int'l, Inc., Del. Supr., 500 A.2d 1346 (1985) も参照。そこで、かかるＵＮＯＣＡＬ判決によって示された基準は、通常、高められた経営判断の基準または中間的基準（intermediate standard）とよばれている。ここで中間的基準とよばれる理由は、もし、経営判断原則が直接適用されれば、かかる対抗措置は通常そのまま正当化されるのに対して、経営判断原則が適用されない場合に用いられる「全体として公正な基準」が適用されれば、かかる対抗措置は通常差止められることになるので、そこで、この両者の中間に位置する基準という意味で、このようによばれる。この点につき、例えば、Ronald J. Gilson & Reinier Kraakman, Delaware's Intermediate Standard for Defensive Tactics: Is There Substance to Proportionality Review?, 44 Bus.Law. 247 (1989) を参照。

(14)　例えば、Unitrin, Inc. v. American General Corp., supra note 4 (Ch.2 § 4); Paramount Communications, Inc. v. QVC Network, Inc., Del.Supr., 637 A.2d 34 (1994); Stroud v. Grace, Del. Supr., 606 A.2d 75 (1992); Gilbert v. El Paso Co., Del. Supr., 575 A.2d 1131 (1990); Paramount Communications, Inc. v. Time, Inc., supra note 8 (Ch.2 § 4); Mills Acquisition Co. v. MacMillan, supra note 12; Ivanhoe Partners v. Newmont Mining Corp., Del.Supr., 535 A.2d 1334 (1987); Revlon, Inc. v. MacAndrews & Forbes Holdings, Inc., supra note 7; Moran v. Household Int'l, Inc., supra note 13 等の判決におけるＵＮＯＣＡＬ基準についての指摘を参照。また、かかるＵＮＯＣＡＬ基準の適用の範囲の詳細につき、本章の第四節を参照。そして、上述の各デラウエア州最高裁判所判決は、かかるＵＮＯＣＡＬ基準の内容及びその適用方法を少しずつ具体化させてきているといえる。この点につき、例えば、いわゆるＴＩＭＥ判決（Paramount Communications, Inc. v. Time, Inc.）では、価額の不十分さが唯一の脅威ではなく、取締役会がより大きな価値を生み出すと信じた長期の事業計画の中断もＵＮＯＣＡＬ基準にいわゆる脅威を構成するとの趣旨の指摘がなされた（この点につき、571 A.2d 1140, 1153 を参照）。また、最近のＱＶＣ判決（Paramount Communications, Inc. v. QVC Network, Inc.）では、ＵＮＯＣＡＬ基準にみられる高められた司法審査を適用する裁判所は、取締役が、完全な決定（a perfect decision）ではなく、合理的な決定（a reasonable decision）を行ったか否かを判定すべきであり、それゆえ、裁判所は取締役の経営判断に自らの経営判断を代える（substitute）ものではなく、取

締役の決定がすべてを考慮した際に (on balance) 合理性の範囲内 (within a range of reasonableness) にあったか否かを判定するものであるとの指摘がなされた（この点につき、637 A.2d 34, 45-46 を参照）。また、ごく最近のいわゆるＵＮＩＴＲＩＮ判決 (Unitrin, Inc. v. American General Corp.) では、もし、取締役による対抗措置が苛酷な (draconian) もの（すなわち、強制的な (coercive) あるいは排除的な (preclusive) もの）ではなく、かつ、それが合理性の範囲内にある場合には、裁判所は取締役会の判断に自らの判断を代えてはならないと指摘された（この点につき、651 A.2d 1361, 1387-1388 を参照。また、Ronald J. Gilson & Bernard S. Black, supra note 8 (Ch.2 § 4), at 894-895 も参照）。このように、ＵＮＯＣＡＬ基準は、今日までの間に発展を遂げてきたといえる。そして、さらに、Frantz Mfg. Co. v. EAC Indus., supra note 14 (Ch.2 § 4) では、過半数株主との関連について、次のような指摘がなされた。本件は、買収者の EAC 社が対象会社の Frantz 社の発行済株式総数の約五一%を取得していた事例であるが、裁判所は、取締役会が過半数株主に対して、完成された企業買収 (accomplished takeover) への対抗措置を行い、過半数株主からその支配権を奪うような場合には、ＵＮＯＣＡＬ基準は適用されないと指摘した。また、その場合には、当該対抗措置は経営判断原則による保護を受けないとも指摘された。ただし、判例の中には、これと異なるニュアンスの指摘を行うものもある。

(15) Blasius Industries, Inc. v. Atlas Corp., Del.Ch., 564 A.2d 651 (1988).

(16) このようなＢＬＡＳＩＵＳ基準に関わる研究は、例えば、Dale A. Oesterle & Alan R. Palmiter, Judicial Schizophrenia in Shareholder Voting Cases, 79 Iowa L.Rev. 485, 494 Note 46 (1994) が、"The cases, virtually unexplored in academic literature,"（「これらの判例は、事実上、学問的文献の中で、研究されてこなかった」）と指摘をしているように、米国の学界においてもごく最近に至るまでほとんど研究がなされていなかった、いわば先端の研究領域である。なお、このＢＬＡＳＩＵＳ基準に関する従来の数少ない研究としては、前述の Dale A. Oesterle & Alan R. Palmiter の文献をはじめ、Randall S. Thomas, Judicial Review of Defensive Tactics in Proxy Contests: When is Using a Rights Plan Right?, 46 Vand.L.Rev. 503 (1993); Irwin H. Warren & Kevin G. Abrams, Evolving Standards of Judicial Review of Procedural Defenses in Proxy Contests, 47 Bus.Law. 647 (1992); Robert J. Klein, Note, The Case for Hightened Scrutiny in Defense of the Shareholders'

Franchise Right, 44 Stan.L.Rev. 129 (1991); Gregory S. Schaer, Comment, Blasius Industries, Inc. v. Atlas Corp.: Closer Scrutiny of Board Decisions under “Compelling Justification” Standard, 16 Del.J.Corp.L. 639 (1991) 等の文献を参照。また、Barry J. Benzing, Glazer v. Zapata Corp.: Under What Circumstances May a Board of Directors Interfere with a Shareholder Vote?, 19 Del.J.Corp.L. 464 (1994); Edward B. Rock, Controlling the Dark Side of Relational Investing, 15 Cardozo L.Rev. 987 (1994); Eric Grannis, Note, A Problem of Mixed Motives: Applying Unocal to Defensive ESOPs, 92 Colum.L.Rev. 851 (1992) 等の文献もあわせて参照。なお、UNOCAL基準の端緒であるUNOCAL判決については、これをわが国に紹介するものとして、他に、例えば、近藤光男「差別的自己株式の買付と経営判断の法則」商事法務一一四四号三三頁、品川知久「米国における敵対的企業買収の防衛策と取締役の責任（上）」商事法務一二二八号一七頁、吉田（前掲第一章注21）「テンダー・オファーにおける標的企業の経営者の役割」等の文献がみられるが、次節で検討するBLASIUS基準（そして、その端緒となったBLASIUS判決）や、第四節で検討するUNOCAL基準とBLASIUS基準の関係（そして、それを指摘するSTROUD判決）等の、UNOCAL判決以後のごく最近までの新たな法理論の形成及び発展については、本書や拙稿（前掲第一章注13）「米国における敵対的企業買収の対抗措置理論の展開（上・下）」及び同「敵対的企業買収の法的研究（一～三）――対抗措置理論による利害調整と解釈論の理論的限界――」の文献以外には、わが国にこれを紹介するものは、特にみられない。

第三節　BLASIUS基準

まず、かかる基準の形成の端緒となったいわゆるBLASIUS判決について検討してゆくことにしたい[1]。はじめに、事実の概要について述べる。買収者であるBlasiusグループは、対象会社であるAtlas社の株式の九・一%を取得し、同社の筆頭株主となった。その後、一九八七年一二月二日に、Blasius側の代表者の求めに応じて、Atlas社側の経営陣との会議がもたれた。その会議において、Blasius側の代表者は、Atlas社がレヴァレッジの再構成を行い株主に現金を分配することを提案した。その提案によれば、Atlas社は資産の売却とかなりの借入によって現金を増やし、株主に対して一度に多くの現金分配を行うというものであった。そして、この会議の直後に、Atlas社の代表者達は、Blasius側のかかる提案は実行不可能であるとの最初の反応を示した。その後、同年一二月七日に、Blasius側はこの提案を詳細に記述した手紙をAtlas社に送付した。そして、Atlas社は、同年一二月九日にこの書面を同社の取締役会に配布し、また、同社の投資銀行であるGoldman Sachsに対しこの提案を分析し評価することを指示した。そして、この提案は、Atlas社側の経営陣から冷やかな反応を受けていた。その後、Blasius側は、同年一二月一四日及び一二月二二日に、Atlas社の経営陣と更なる会議を持ちたいと試みたが、結局、不調に終わった。そして、Atlas社は、Blasius側に、更なる会議はGoldman Sachsによる分析が完了してから行うと伝えた。かかる状況の中、同年一二月三〇日に、Blasius側は、次の内容からなるいわゆる株主の同意（stockholder consent）の手続[2]を開始した。その内容は、(ア) Atlas社の取締役会がこの再構成の提案を発展させ実行することを、勧めるような決定を採択すること、(イ) Atlas 社の取締役会の規模を現在の七名から一五名に拡大すべく、同社の業務規則（bylaws）を修正すること、そして、(ウ)新しい取締役を補充するために、Blasius 側によって示された八名の者を選任すること、というものであった。これに対して、Atlas 社側は、その代表者が、同社の社外顧問及び同社の取締役と直ちに協議し、緊急の取締役会を招集することに決定した。そして、同年一二月三一日に開かれた、緊急の取締役会では、同社の業務規則を修正し取締役会の規模を現在の七名から九名へ増やすことが決議され、そして、この新取締役を補充するために、現在の取締役に友好的な(friend-ly)二名の者が指名された(そこで、その結果、たとえ Blasius 側の勧誘がその他の株主の多数によって支持されたとしても、取締役会における過半数を獲得することが困難となってしまった)。また、その際に、Atlas 社の取締役会の構成員は、かかる行為により、同社の株式の多数を保有する者が Blasius 側の同意の勧誘を通して過半数の新取締役を設置することから排除されるということを認識していた。その後、一九八八年一月六日に、Atlas 社の定時取締役会が開催され、同社の財務顧問である Goldman Sachs から、Blasius による再構成の提案の実行可能性につき十分な報告がなされた。その報告によれば、もし Atlas 社がかかる提案を実行すれば、運営のための現金資金がかなり流出し、最終的には破産にいたり、また、同社の普通株式の価値もわずかなものかあるいは皆無となり、発行が予期される社債についても額面の二〇%から三〇%位の価値しか有さないものになる等の指摘がなされた。そこで、Atlas 社の取締役会は、Blasius 側による提案を拒絶する決議を行った。

そこで、これらの点から、本件では、一二月三一日の Atlas 社取締役会による行為が、かかる状況において、株主の権利の行使に対する衡平上許されざる妨害（an inequitable interference with the exercise of shareholder rights）を構成するか否かが主要な争点となった(3)。この点に関連して、Blasius 側は、かかる行為は、Atlas 社の支配に対する知覚された脅威から現取締役会を守るために、利己的に動機付けられたものであると批判した。これに対して、Atlas 社側は、当該行為は、利害衝突を伴わず、相当の注意をもって、誠実に行われたものであり、それゆえ、かかる行為はいかなる誠実義務 (the duty of the fidelity) の違反をも構成するものではないとして、経営判断原則による保護を主張した。また、さらに、Atlas 社側は、当該行為は、かかる状況の中で、公正で、熟慮され (measured) かつ適切なものであり、それゆえ、もし、裁判所が、「公正な基準」(a legal test of fairness) あるいはUNOCAL基準のもとでかかる行為の審査を行うとしても、その行為は有効なものとして支持されると主張した。

以上が本件の事実の概要である。[4] そして、本件において、デラウエア州衡平法裁判所は、以下のような新たな説示を示すことにより、UNOCAL基準を適用することなく、それとは異なる基準（いわゆるBLASIUS基準）を採用することによって、Atlas 社によるかかる行為を無効ないし取消される (invalid, voided, set aside) ものと判断したのである。[5]

すなわち、裁判所は、まず、かかる行為は、Atlas 社の取締役会の利己的な動機から行われたものではなく、むしろ誠実に非利己的に行われたものとした上で、[6] それでは、本件のような株主の議決権の実効性 (effectiveness) を妨害することを主要な目的としてなされた行為にも、UNOCAL基準が適用されるのか否かについて検討を行った。そして、この点に関連して、裁判所は、先例の示唆するところから会社統治＝コーポレート・ガバナンス (corporate governance) の構造に対する議決権 (the franchise) の中心的な重要性によれば、かかる状況では、UNOCAL基準が適用されないことが要求されると指摘した。そして、かかる場合には、裁判所によるさらに厳しい審査 (closer scrutiny) が必要であると指摘したのである。[7]

そして、その上で、裁判所は、本件のように、取締役会が、株主の議決権の行使を妨害することを主要な目的として行為したことが示された場合には、それでは、いかなる法的基準が適用されるのか、そこではかかる行為を当然に無効（per se invalidity）とする基準が適用されるのか、あるいは、それとは異なり何らかの中間的な(intermediate) 基準が適用されるのか、についてさらに検討を行った。そして、この点に関連して、裁判所は、次のように指摘をすることにより、当然に無効とする基準は適用されないとしたのである。すなわち、そこでは、まず当然に無効とする基準の利点としては、基準として相対的に明快であることや予測可能性を有すること等であるが、逆に、不利な点としては、当然に無効とする基準が常に有する「あまりにもあまねく一掃してしまうこと」(it may sweep too broadly) であると指摘された。そして、その上で、株主の議決権に関わる近時の事件で、当然に無効とする基準を適用しなかった判例を分析しながら[8]、裁判所は、そこでは当然に無効とされたのではなく、むしろ、取締役会の側に当該行為に関して、その行為を強いてとらせるような正当化の事由（a compelling justification) を説明する重い責任を負わせるものとされたのであると指摘した。そして、これらの点に基づいて、裁判所は、取締役会が、誠実に、「温情主義的に」(paternalistically)（いわば大所高所から）、株主の議決権を妨害しようとしたかもしれない場合には、（会社を取り巻く）将来のすべての状況を予見することは裁判所にはできないことであるので、そこで、たとえ株主の議決権の優越的な (transcending) 重要性を認識したとしても、かかる点から、株主の議決権を妨害することを唯一のないし主要な目的としてなされた取締役会のすべての行為を、衡平上 (in equity) 当然に無効とするような基準を採用することは、勧められない (counsels against) と判断をしたのである[9]。そして、この点に関連して、裁判所は、さらに、ある種の事実状況においては、取締役会によるかかる極端な行為も正当化されるであろうと指摘をし[10]、その上で、本件では、取締役会によってそうした十分な正当化の事由が説明されていないと指摘した。

そして、結果的に、本件における取締役会の行為は、取締役会が株主に対して負う忠実義務の非意図的な(unintended)違反を構成し、かかる行為は、無効ないし取消されるものであると結論付けたのである。(11)

そして、かかるBLASIUS判決を端緒として示された基準（すなわち、取締役会による行為が、株主の議決権の実効性を妨害することを主要ないし唯一の目的としてなされる場合には（UNOCAL基準は適用されずに）、取締役会は、当該行為を強いてとらせるような正当化の事由を説明する重い責任を負うとする基準）は、その後、一般にBLASIUS基準とよばれるようになり、対抗措置の問題をはじめとして、訴訟当事者により主張をされたり、(12)裁判所により適用されることが、(13)次第に見受けられるようになってきたのである。(14)そこで、この点に関連して、かかるBLASIUS基準が、対抗措置の問題について、UNOCAL基準との関連でいかなる関係に立つのかということが、その後、実務的にも理論的にも問題とされるようになり、(15)近時の一九九二年のデラウエア州最高裁判所によるいわゆるSTROUD判決(16)において、この点に関する裁判所の立場が一応明確に示されたのである。(17)

そこで、以下では、このSTROUD判決が、かかるBLASIUS基準とUNOCAL基準とが、対抗措置の問題をめぐりいかなる関係に立つと指摘をしたのか、その内容について検討してゆくことにしたい。

（1） なお、本件に関連して、Schnell v. Chris-Craft Indus., Inc., Del.Supr., 285 A.2d 437 (1971); Lerman v. Diagnostic Data Inc., Del.Ch., 421 A.2d 906 (1980); Aprahamian v. HBO & Company, Del.Ch., 531 A.2d 1204 (1987) 等の判例もあわせて参照。

(2)　株主の同意の手続とは、定款に別段の定めのない場合に、会社の年次株主総会もしくは特別株主総会においてなすことを要求される行為、または年次株主総会もしくは特別株主総会においてなすことができる行為について、そのなす行為を記載する書面による同意が一定の要件を満たすときに、総会を開催せず、事前の通知をせず、かつ議決をしないでなすことができるとする手続のことである。この点の詳細につき、デラウエア州の会社法にあたる General Corporation Law of the State of Delaware (8 Del.C.) の§228 を参照。

(3)　564 A.2d 651, 657. また、本件では、さらに、同意手続の結果をめぐって Blasius 側と Atlas 社側との争いもみられた。そのため、本件では、Blasius 側による同意手続の結果を裁判所に対して決定してもらうことを要求する、同意手続それ自体から生じた争点もあるが、この争点は本書の考察対象からは外れるので、ここでは立ち入ることはしない。なお、この点に関連して、id., at 663-670 を参照。

(4)　id., at 652-658.

(5)　id., at 652, 663.

(6)　id., at 656, 658.

(7)　id., at 658-659. なお、Unocal Corp. v. Mesa Petroleum Co., supra note 15 (Ch.1); Cheff v. Mathes, supra note 9 (§2) も参照。

(8)　Aprahamian v. HBO & Company, supra note 1; Phillips v. Insituform of North America, Inc., supra note 14 (Ch.2 §4). の各判例を参照。また、この点に関連して、564 A.2d 651, 661-662 も参照。

(9)　564 A.2d 651, 660-662. また、この点に関連して、Aprahamian v. HBO & Company, supra note 1; Phillips v. Insituform of North America, Inc., supra note 14 (Ch.2 §4); Condec Corp. v. Lunkenheimer Co., supra note 14 (Ch.2 §4); Canadian Oils, Ltd. v. Manabi Exploration Co., supra note 14 (Ch.2 §4); Unocal Corp. v. Mesa Petroleum Co., supra note 15 (Ch.1); Cheff v. Mathes, supra note 9 (§2). の各判例も参照。

(10)　564 A.2d 651, 662, Note 5. また、Condec Corp. v. Lunkenheimer Co., supra note 14 (Ch.2 §4) もあわせて参照。

(11) 564 A.2d 651, 652, 663.

(12) その代表的なものとして、例えば、Shamrock Holdings v. Polaroid, supra note 13 (Ch.2 §4), at 285-286（ただし、本件において、裁判所は、ＢＬＡＳＩＵＳ基準ではなくＵＮＯＣＡＬ基準を適用した）; Stahl v. Apple Bancorp, Del.Ch., 579 A.2d 1115, 1120 (1990)（以下、Stahl 1 事件とする。ただし、本件においても、裁判所は、ＢＬＡＳＩＵＳ基準ではなくＵＮＯＣＡＬ基準を適用した）; Stahl v. Apple Bancorp, Del.Ch.,〔1990 Transfer Binder〕Fed.Sec.L.Rep. (CCH) P95412 (1990)（以下、Stahl 2 事件とする。ただし、本件においても、裁判所は、ＢＬＡＳＩＵＳ基準ではなく一応ＵＮＯＣＡＬ基準を適用した）等の判例を参照。なお、Gregory v. Correction Connection, Inc., U.S.Dist. E.D. Pa., C.A. No.88-7990 (Mar. 27, 1991), supra note 15 (Ch.2 §4) もあわせて参照。この点に関連して、ＢＬＡＳＩＵＳ基準とＵＮＯＣＡＬ基準のかかる適用関係の問題について、注の15及び次節の「両基準の関係」の箇所を参照。

(13) 例えば、Stroud v. Grace, Del.Ch., C.A. No.10719, slip op., (Nov. 1, 1990) (16 Del.J.Corp.L. 1588) を参照。ただし、本件については、Stroud v. Grace, supra note 14 (§2), at 90-96（そこでは、ＢＬＡＳＩＵＳ基準が適用されないとされた）を比較しながら参照。さらに、Commonwealth Assoc. v. Providence Health Care, Inc., Del.Ch., C.A. No.13135 (Oct. 22, 1993) も、ＢＬＡＳＩＵＳ基準が適用された事例であると考えられる。なお、この事件に関しては、Commonwealth Assoc. v. Providence Health, Del.Ch., 641 A.2d 155 (1993) もあわせて参照。

(14) また、特に、新株発行に関わる事例として、例えば、Shamrock Holdings v. Polaroid, supra note 13 (Ch.2 §4), at 285-286; Commonwealth Assoc. v. Providence Health Care, Inc., supra note 13 がある。また、Gregory v. Correction Connection, Inc., U.S. Dist. E.D. Pa., C.A. No.88-7990 (Mar. 27, 1991), supra note 15 (Ch.2 §4) も参照。なお、かかるＢＬＡＳＩＵＳ基準の適用される場面に関連して、特に、Paramount Communications Inc. v. Time Inc., Del.Ch.,〔1989 Transfer Binder〕Fed.Sec.L.Rep. (CCH) P94514, 93281-93282 (1989) 及び Lennane v. ASK Computer System, Inc., Del.Ch.,〔1990-1991 Transfer Binder〕Fed.Sec.L.Rep. (CCH) P95674, 98154-98155 (1990) の判例を参照。

(15) この点に関連して、例えば、前節の注16の文献を参照。

（16）Stroud v. Grace, supra note 14 (§2)

（17）この両基準の関係について、かかるSTROUD判決の以前においても、判例の中でこの点について指摘をするものもあり、そこでは、多くのものが、一般的に、BLASIUS基準をUNOCAL基準の一つの変種として、あるいは、構造的ないし機能的に類似したものとしてみてきたようである。この点について、例えば、Shamrock Holdings v. Polaroid, supra note 13 (Ch.2 §4) では、"[A]lthough the ［Blasius］ Court did not use the Unocal rubric, it performed exactly the sort of balancing contemplated by the Supreme Court. In responding to the non-threat of an informed election of directors, the decision to foreclose the election was found to be unreasonable and, therefore, invalid. As I read Blasius, the "heavy burden" imposed upon defendants was not a new standard apart from Unocal. Rather, it was a specific expression of the proportionality test as applied to conduct that effectively precluded the election of directors."（「BLASIUS判決は、UNOCAL基準を適用しなかったが、そこでは、まさに、デラウエア州最高裁判所によって考案された（UNOCAL基準のような）衡量の考え方を、演じたものといえる。予め知らされていた、取締役の選任という非脅威に対応して、その選任を排除するという（Atlas社取締役会の）決定は、非合理的で、それゆえ、無効であると認められたのである。BLASIUS判決を読みながら、（本件の裁判官である）私には、そこで被告に課された「重い責任」は、UNOCAL基準から離れた新しい基準であるとは、思われない。むしろ、それは、取締役の選任を効果的に排除するという行為に適用される、（UNOCAL基準にみられる）釣り合い基準の特殊な表現であったと思われる」）と指摘された（この点につき、559 A.2d 278, 286を参照）。また、Stahl 2事件（前掲注12）では、"[T]hese tests are structurally similar and may, as there, be functionally similar as well."（「これらの基準は、構造的に類似しており、また、機能的にも類似しているであろう」）と指摘された（この点につき、［1990 Transfer Binder］ Fed.Sec.L.Rep. (CCH), supra note 12, at 97036を参照）。なお、Stahl 1事件（前掲注12）579 A.2D 1115, 1121-1124 及び Gregory v. Correction Connection, Inc., U.S. Dist. E.D. Pa., C.A. No.88-7990 (Mar. 27, 1991), supra note 15 (Ch.2 §4) もあわせて参照。そして、この点に関連して、これらのShamrock Holdings v. Polaroid及びStahl 2事件とほぼ同旨の指摘をする学説上の見解として、Irwin H. Warren & Kevin G. Abrams, supra note 16 (§2), at 668-670 を参照（ただし、この指摘については、Dale A. Oesterle & Alan R. Palmiter, supra note 16 (§ 2), at 537 Note 253 もあわせて参照）。

第四節　両基準の関係

一九九二年、デラウェア州最高裁判所は、年次株主総会の通知の有効性、そして、総会で承認をされた、定款の修正及び業務規則の有効性をめぐるSTROUD判決において、かかるBLASIUS基準が、対抗措置の問題についてUNOCAL基準といかなる関係に立つのかにつき、以下のような指摘を行った。(1)

そこでは、裁判所は、まず、UNOCAL基準の適用される場面について指摘を行い、やはり近時のデラウェア州最高裁判所判決であるいわゆるGILBERT判決(2)を引用しながら、次のように指摘した。すなわち、裁判所は、UNOCAL基準について、会社支配の問題 (issues of control) に触れるような、会社の政策や効率に対する知覚された脅威への対応において、取締役会が対抗措置をとる場合には、いつでもUNOCAL基準が適用されるということを、その後の判例は再確認してきたとまず指摘をした。(3)そして、さらに、裁判所は、BLASIUS基準についても指摘を行い、次のように述べた。すなわち、裁判所は、BLASIUS判決やいわゆるSTAHL判決(4)において示された基本的な法律上の考え方 (tenets) は受け入れられるが、そうした特定の原則は、そこでの特殊な事実に密接に (inextricably) 関わるこれらの事件から発生したものであるとまず指摘をした。そして、その上で、裁判所は、いわゆるSCHNELL判決(5)後の大部分の判決は、取締役会が、株主の議決権を妨げたり (frustrate) あるいは完全に剝奪したり (disenfranchise) するための、様々な法律上の方策を故意に (deliberate-ly) 用いたという状況に関わるものであると述べ、かかる状況においては、BLASIUS判決が認識をしたように、取締役会の行為は、議決権（the franchise）の自由な行使を妨害するために意図されたものであったと指摘したのである。[6] そして、その上で、かかる行為がデラウェア州の法律に違反するものであることについては、何も争いがないものと指摘をした。[7]

そして、かかる指摘の後に、裁判所は、ＢＬＡＳＩＵＳ基準とＵＮＯＣＡＬ基準とが、対抗措置の問題についていかなる関係にあるのかにつきさらに指摘を行い、以下のように述べた。すなわち、裁判所は、まず、会社支配をめぐる敵対的な争いの際に、買収者が、いわゆる委任状合戦（a proxy fight）と公開買付の両方を開始したような場合には、取締役会による株主の議決権行使を妨害するような行為が、しばしば発生したことがあると指摘をし、さらに、取締役会によるかかる行為は、必然的にＢＬＡＳＩＵＳ基準とＵＮＯＣＡＬ基準の双方を発動させてきた（invoked）と指摘した。[8] そして、その上で、裁判所は、かかる双方の基準とも、株主がその議決権を自由に行使することが許されない場合に生じる、本来的な利益衝突（the inherent conflicts of interest）の問題をともに認識しており、この両基準は相互に排他的なものではないと認められると指摘をした。[9] そして、さらに、前述のＧＩＬＢＥＲＴ判決に言及しながら、裁判所は、このＧＩＬＢＥＲＴ判決はそれにもかかわらず曖昧な点を晴らすものであると述べて、ＧＩＬＢＥＲＴ判決は、ＵＮＯＣＡＬ基準の適用に関し、取締役会が、会社支配の問題に触れるような会社の政策や効率に対する何らかの脅威への対応において任意の対抗措置を採択する場合に、それを審査する裁判所はＵＮＯＣＡＬ基準を適用しなければならないと、明瞭に判示していると指摘したのである。[10]

そして、その上で、次にＢＬＡＳＩＵＳ基準に言及しながら、裁判所は、このことは、しかしながら、ＢＬＡＳＩＵＳ判決やそれに基礎を置くその後の判決（its progeny）を無意味にするものではないと述べて、ある特定の状況では、裁判所は、いかなる対抗措置も釣り合いがとれた（proportionate）ものであり、生じた脅威に対する関係で合理的なものでなければならないとするＵＮＯＣＡＬ基準の要求の範囲内で、株主の議決権を保護する特別の重要性を認識しなければならない場合があると、指摘したのである。[11]

そして、このようにして、裁判所は、株主から意図的に議決権を剝奪するような会社支配の問題に触れる対抗措置を採択するという、取締役会による一方的な(unilateral)決定は、ＵＮＯＣＡＬ基準のもとでも強く疑われるものであり、(ＢＬＡＳＩＵＳ基準のもとで要求されるような)当該行為を強いてとらせる正当化の事由の説明を伴わなくとも、支持されうるものではないと指摘したのである。[12]

このようにして、かかるＳＴＲＯＵＤ判決は、対抗措置の問題をめぐるＢＬＡＳＩＵＳ基準とＵＮＯＣＡＬ基準との関係について、今日、ＵＮＯＣＡＬ基準は、会社支配の問題に触れるような会社の政策や効率に対する何らかの脅威への対応において、取締役会によりとられるすべての対抗措置に適用されることを確認しながら、対抗措置の問題につき、基本的にはＵＮＯＣＡＬ基準が適用されることになることを明らかにした。そして、さらに、このＳＴＲＯＵＤ判決は、取締役会によって一方的に決定のなされた、株主から意図的に議決権を剝奪するような会社支配の問題に触れる対抗措置に関して、かかる対抗措置は、ＵＮＯＣＡＬ基準の枠組の中で（特に、その第二の立証の要件である「対抗措置が生じた脅威との関係において合理的であること」という基準[13]の中で）、株主の議決権を保護することの特別の重要性が認識されることにより、法的に否定されることになるとの考え方も示したのである。[14]

そこで、今後、もしも、株主の議決権を意図的に妨害ないし剝奪するような形で対抗措置が行われる場合には、基本的にＵＮＯＣＡＬ基準が適用されることにより、その多くのものが法的に否定されることになると推測される。そして、かかるＳＴＲＯＵＤ判決によって示された指摘は、ごく最近（一九九五年）のデラウェア州最高裁

判所判決である、いわゆるUNITRIN判決の中でも基本的に確認されたのである。(15)

(1) なお、このSTROUD判決それ自体は、公開会社の事例でもなく、また、対抗措置の事例でもない。本件においてBLASIUS基準が問題となったのは、その原審であるStroud v. Grace, supra note 13 (§ 3)において、デラウエア州衡平法裁判所が、争点である定款の修正及び業務規則の有効性を、BLASIUS基準に則って評価をしたために（なお、そこでは、定款の修正については公正とされ、業務規則については非合理で不公正とされた（この点につき、id., at 21-31 を参照））、本件において、この争点に果たしてBLASIUS基準が適用されるのか否かが問題となったというものである（なお、本章第三節注13ですでに指摘をしたように、本件では、この争点にBLASIUS基準は適用されないとされた。そして、定款の修正については公正とされ、また、業務規則についても有効とされた（この点につき、Stroud v. Grace, supra note 14 (§ 2), at 90-96を参照））。そして、かかる際に、デラウエア州最高裁判所は、あわせて、BLASIUS基準とUNOCAL基準とが、対抗措置の問題につきいかなる関係に立つのかについても、比較的詳しく言及をしたというものである（この点につき、id., at 82-83, 90-92 を参照）。そこで、本書では、かかるSTROUD判決の事案の内容や本書の考察対象の点から、ここでは、デラウエア州最高裁判所が本件において指摘を行った、対抗措置の問題をめぐる両基準の関係の点を中心に、検討を行うものである。

(2) Gilbert v. El Paso Co., supra note 14 (§ 2).

(3) 606 A.2d 75, 82. また、Gilbert v. El Paso Co., supra note 14 (§ 2), at 1144 も参照。さらに、この点に関連して、Paramount Communications, Inc. v. Time, Inc., supra note 8 (Ch.2 § 4), at 1152 及び Mills Acquisition Co. v. MacMillan, Inc., supra note 12 (§ 2), at 1287 も参照。そこで、今日では、UNOCAL基準の適用に関し、このように、「会社支配の問題に触れるような、会社の政策や効率に対する知覚された脅威への対応において」とられたすべての対抗措置に対し適用されると、一般的に、理解されている（なお、本書の後述部分も参照）。この点に関連して、例えば、Dennis J. Block, Nancy E. Barton & Stephen A. Radin, supra note 3 (Ch.2 § 4), at 238-239 を参照。また、Gregory v. Correction Connection, Inc., U.S. Dist. E.D. Pa.,

C.A. No. 88-7990 (Mar. 27, 1991), supra note 15 (Ch.2 § 4)もあわせて参照。そこで、このような結果、ＵＮＯＣＡＬ基準の適用については、例えば、現在の特定の脅威への対応としてなされる対抗措置の場合だけではなく、可能性のある将来のものへの対応の場合にも、適用されることになる。この点に関して、上述の文献及び判例の他、さらに、606 A.2d 75, 82; Moran v. Household Int'l, Inc., supra note 13 (§ 2), at 1350-1353 も参照。

(4) Stahl 1 事件（本章第三節注12）参照。

(5) Schnell v. Chris-Craft Indus., Inc., supra note 1 (§ 3)参照。

(6) 606 A.2d 75, 91.

(7) id., at 91.

(8) id., at 92 Note 3.

(9) id., at 92 Note 3. なお、この点に関連して、Shamrock Holdings v. Polaroid, supra note 13 (Ch.2 § 4), at 285-286 も参照。

(10) 606 A.2d 75, 92 Note 3. また、Gilbert v. El Paso Co., supra note 14 (§ 2), at 1144 も参照。

(11) 606 A.2d 75, 92 Note 3. また、Unocal Corp. v. Mesa Petroleum Co., supra note 15 (Ch.1), at 955 も参照。

(12) 606 A.2d 75, 92 Note 3.

(13) この点につき、本章の第二節を参照。

(14) もっとも、そこでは、具体的に、いかなる対抗措置がかかる対抗措置にあたるとされるのかにつき、明らかにされてはいない。しかしながら、一般的に、委任状合戦に関わる対抗措置が、それにあたるものと考えられているようである。この点につき、例えば、Ronald J. Gilson & Bernard S. Black, supra note 8 (Ch.2 § 4), at 1400-1470 を参照。

(15) この点につき、Unitrin, Inc. v. American General Corp., supra note 4 (Ch.2 § 4), at 1378-1379 を参照。

第五節　小　括

以上の検討から、アメリカでは、会社の通常の事業目的のためになされる行為の場合と対抗措置としてなされる行為の場合とが区別され、対抗措置としてなされる取締役会の行為には、基本的にＵＮＯＣＡＬ基準とよばれる法基準が適用されることにより、裁判所による司法審査が行われることが明らかとされた。(1) そして、そこでは、対象会社の取締役会は、会社の営業及び業務の経営に関する広汎な権限を基礎に、会社における自己の地位を維持することを唯一または主要な目的として行為した場合を除き、敵対的企業買収に対し対抗措置をとることができるものとされ、裁判所による司法審査を経た上で、かかる行為も経営判断原則により保護されうることが示された。

そして、かかる司法審査の内容としては、当該状況における取締役の利益衝突の問題がまず認識されることにより、取締役は、(ア)買収者の株式所有のために、会社の政策や効率性に対し危険が存在すると信じるにあたり合理的な根拠を有していたことを、立証しなければならないとされ、また、さらに衡量の観点から、(イ)とられた対抗措置が生じた脅威との関係で合理的であったことも、立証しなければならないとされている。(2) そこで、かかる点から、アメリカでは、裁判所が、取締役によるこれらの立証を通して、対抗措置の妥当性・合理性につき司法審査を試みていることが明らかとなる。(3) そして、この司法審査に関して、ＢＬＡＳＩＵＳ基準との関係においてＳＴＲＯＵＤ判決が指摘を行ったように、今日、ＵＮＯＣＡＬ基準は、会社支配の問題に触れるような、会社の政策や効率に対する何らかの脅威への対応において、取締役会によりとられるすべての対抗措置に適用され、しかも、株主からその議決権を剝奪するような形でなされる対抗措置の場合には、そうした対抗措置の特殊性もUNOCAL基準の枠組（特に、その第二の立証の要件である(イ)の基準）の中で勘案されることにより[4]、当該対抗措置の妥当性・合理性につき、さらに木目の細かな司法審査が試みられている[5]。そこで、これらの点から、アメリカでは、かかる対抗措置の司法審査を通して、裁判所が、敵対的企業買収における会社支配の変動の局面に介入することにより、買収者への対象会社に対する支配の移転・変動の可否を究極的な意味でふるい分けており、買収者の支配の取得に関してスクリーニングの役割を担っていると指摘することができる[6]。

そして、その際に特徴的なことは、対抗措置の司法審査をなすにあたって、裁判所が、単に取締役の誠実性だけではなく、取締役会の対抗措置の決定に至るまでのプロセス・経緯の内容を客観的に検討しているという点である。すなわち、そこでは、裁判所により、例えば、(ア)取締役会はどれ位の頻度で、また、一回当たりどの位の長さで、そして、どういう状況で開かれたのか、(イ)そこに、独立の社外取締役は参加していたか、また、参加していた場合に、人数はどれ位であったのか、(ウ)当該対抗措置の決定に当たり、取締役会は、財務顧問・投資銀行・弁護士等の専門家から、鑑定・分析評価等の助言を得ていたかどうか、また、得ていた場合に、どういう専門家から、いかなる内容の助言を得ていたのか、(オ)取締役会は、必要とされる合理的な調査や分析を行ったのか、等の点が分析されているのである[7]。そこで、こうした点から、アメリカでは、裁判所が対抗措置の妥当性・合理性につき司法審査をなすにあたり、かかるプロセス・経緯の内容が客観的に検討され、その検討結果の集積を主な基礎として推認を下し[8]、かかる推認に基づき当該対抗措置の妥当性・合理性が実質的に判断されていると思われる[9]。そのため、敵対的企業買収における対抗措置の問題は、高度の経営判断に関わる問題であるにもかかわらず、アメリカでは、このように、裁判所によりある程度合理性を保ちながら対処されていると思われる。[10]

また、さらに、アメリカでは、こうして、敵対的企業買収における会社支配の変動の局面に裁判所が適切に介入することにより、敵対的企業買収に伴う利害関係も合理的に調整されているように思われる。すなわち、まず、対象会社に対する支配が買収者へと強制的な形で変動する敵対的企業買収においては、株式保有を基礎に支配を取得した買収者がその影響力を行使することにより、例えば、対象会社の従来の経営方針・政策が変更され、対象会社の株主をはじめとする多くの会社利害関係者（債権者、取引先、従業員、あるいは、地域社会一般等）に影響が及ぶことになる。そして、その結果、会社の経営効率性がさらに改良・促進されることもあれば、逆に、それまで優良・健全に経営されていた会社から活力が奪われ、その会社に関わるこれらの利害関係者に不利益を生じさせることもある。そこで、敵対的企業買収のこうした実態に着目した場合、かかる会社利害関係者の利害が直接関わってくることになる。そこで、この点に関連して、アメリカでは、UNOCAL基準（第二の立証の要件である、前述の(イ)「とられた対抗措置が生じた脅威との関係で合理的であったこと」の基準）の要請により、取締役は、基本的な株主の利益及び株主以外の会社利害関係者への影響等を含む、当該敵対的企業買収の対象会社に対する影響を総合的に分析することを要求されている。[11]そこで、取締役がかかる要求を履行していたか否かが、対抗措置の妥当性・合理性の司法審査の際に、裁判所により検討されることになるが[12]、この結果、敵対的企業買収に伴う多くの会社利害関係者の利害が十分に考慮されることになると思われる。そこで、かかる点から、アメリカでは、敵対的企業買収の実態に即した合理的な利害調整が行われているように思われる。[13]

このように、アメリカでは、UNOCAL基準が適用されることにより、対抗措置の妥当性・合理性に関し、一応、適切な司法審査が行われていると思われる。そこで、このようなUNOCAL基準にみられる特長として、一般的に、会社の取締役会に持ち上がる無数の事実状況 (the myriad of "fact senarios") に対し、法律家が適用することのできる柔軟な範例 (a flexible paradigm) ないし分析の道具 (an analytical tool) を提供しうることであるとの指摘がなされている。[14] そこで、このようにして、対抗措置を取り巻く多様な事実状況を取り込みうる、かかる柔軟かつ弾力的な法基準のあり方は、わが国における対抗措置として認定さるべき第三者割当増資の公正性の判断基準を検討するにあたり、有効なモデルを提供するものではないかと思われる。

また、このようなＵＮＯＣＡＬ基準に対しては、ＡＬＩ（アメリカ法律協会）からもこれと類似の分析及び勧告がなされており、[15] 学説上も、これを支持するものが多くみられる。[16]

それでは、次に、ドイツにおける対抗措置の法理論は、いかなる状況なのであろうか。そこで、以下の第四章では、かかる対抗措置の問題がドイツではいかに取り扱われているのかにつき、検討してゆくことにしたい。第二章の第四節ですでに指摘したように、ドイツでは、敵対的企業買収の事例は稀であり、従って、対抗措置の事例もアメリカに比べて限られている。そのため、ドイツでは、対抗措置としては、株主の新株引受権を排除した上での新株発行の利用が中心となる。そこで、以下では、かかる新株引受権の排除に関わる対抗措置の法理論を中心に、さらに検討を進めてゆくことにしたい。

（1）これに対して、会社の通常の事業目的のためになされる行為の場合には、いわゆる経営判断原則が直接適用されることにより、多くの場合において、裁判所による司法審査は原則として行われないことになる。

（2）この点に関連して、ＡＬＩ（アメリカ法律協会）によるいわゆる「コーポレート・ガバナンスの原理：分析と勧告」では、その第六・〇二条(c)項において立証責任を取締役の行為に異議を申し立てる者の側に課しているが、敵対的企業買収の状況における取締役のかかる利益衝突の問題をあまり重視していないといえ、この点で問題ではないかと思われる（この点につき、The American Law Institute, Principles of Corporate Governance: Analysis and Recommendations, § 6.02 (C), supra note 10 (§ 1), Vol. 1, at 405, 407-408, 425-426 を参照）。なお、わが国における吉田（前掲第一章注21及び第二章第四節注36）の文献は、かかるＡＬＩ（アメリカ法律協会）の立場を基礎に対象会社の取締役の役割・行為基準を論じている。

（3） この点に関連して、Ronald J. Gilson & Bernard S. Black, supra note 8 (Ch.2 § 4), at 823 を参照。

（4） そして、さらに、ＳＴＲＯＵＤ判決は、前節で検討したように、かかる対抗措置は、株主の議決権を保護することの特別の重要性が認識されることにより、法的に否定されることになるとの考え方を示している。ただし、同節の注14も参照。

（5） そのため、厳密には将来の動向に待たざるを得ないと思われるが、かかる近時の司法審査のあり方から、今日のアメリカでは、とられた対抗措置の妥当性・合理性に関して、裁判所が取締役会による経営判断を常に追認してしまうということはあまりないように思われる(この点につき、前注も参照)。なお、この点に関連して、ＳＴＲＯＵＤ判決以前の一九八七年までの判例を基に、判例理論につき批判を行う Johnson & Siegel, Corporate Mergers: Redefining the Role of Target Directors, 136 U.Pa.L.Rev. 315 (1987) の指摘、そして、この批判に反論する Paramount Communications, Inc. v. Time Inc., supra note 8 (Ch.2 § 4), at 1154 Note 18 の指摘を、それぞれ参照。また、Ronald J. Gilson & Reinier Kraakman, supra note 13 (§ 2)の文献もあわせて参照。

（6） この点に関連して、Ronald J. Gilson & Bernard S. Black, supra note 8 (Ch.2 § 4), at 823 を参照。

（7） 例えば、第二節で検討をしたＵＮＯＣＡＬ判決や第三節で検討をしたＢＬＡＳＩＵＳ判決における事実の内容を参照。また、この点に関連して、これらの判決の事実からも示されるように、アメリカでは、多くの場合、対象会社の取締役会は、財務顧問・投資銀行・弁護士等の専門家から鑑定・分析評価等の助言を得て、また、合理的な調査や分析を行うことにより、買収者が対象会社に対し危険を及ぼすか否か等を検討し、その上で、対抗措置につき決定を行っている。この点について、例えば、ＵＮＯＣＡＬ判決では、買収者がいわゆるグリーンメイラー（greenmailer: 対象会社に、他の株主には利用できないようなプレミアム付きで、持株を買い取らせる買収者のこと）であるか否かといった、買収者の過去の実績や評判等も分析されている（この点につき、Unocal Corp. v. Mesa Petroleum Co., supra note 15 (Ch.1), at 956, Note 13.を参照）。

（8）そこで「主な」と断っているように、その際に、取締役会の決定それ自体の内容も検討されることは言うまでもない。そして、そのような決定の内容の合理性の検討については、本章第二節注14で指摘したように、近時のデラウエア州最高裁判所の判決であるいわゆるＱＶＣ判決やＵＮＩＴＲＩＮ判決等では、裁判所は、取締役の決定がすべてを考慮した際に合理性の範囲内にあったか否かを判定するものであると指摘している。そこで、かかる点から、当該決定が、その当時の状況において、通常の取締役の立場からみて、それなりの合理性の範囲内にあると認められる場合には、取締役は責任を問われないが、合理性の範囲外にあると認められる場合には、責任を問われることになるものと思われる。

（9）この点に関連して、前注で指摘したように、ここでは、裁判所は、取締役会の決定それ自体の内容の合理性も検討しており、そこでの判断は実質判断といえる。この点につき、例えば、Paramount Communications, Inc. v. QVC Network, Inc., supra note 14 (§ 2), at 45 では、"an enhancrd scrutiny test involves a review of the reasonableness of the SUBSTANTIVE merits of a board's actions."（「高められた司法審査の基準は、取締役会の行為の、実質的な、訴訟上の実体的当否に関する事項について、その合理性の審査に関わるものである」（大文字の部分は著者による強調））と指摘されている。

（10）この点に関連して、かかるプロセス・経緯の内容の客観的検討は、裁判所にとってそれほど困難なことではないと思われる。また、取締役会の決定それ自体の内容の検討についても、前掲注8で指摘したように、裁判所は、その決定が、当時の状況に照らして、通常の取締役の立場からみて、それなりの合理性の範囲内にあったか否かを判定することになり、このことも裁判所にとって可能であると思われる。そこで、これらの点から、アメリカでは、対抗措置という高度の経営判断に関わる問題も、裁判所によりある程度合理的に判断されているように思われる。この点に関連して、さらに、デラウエア州衡平法裁判所では、本章第二節注2で指摘したように、通常、会社法及び商事法の専門家が裁判官に就任している。

（11）この点につき、本章の第二節を参照。なお、この点に関連して、本章第二節注12で指摘したように、デラウエア州最高裁判所の法理論によれば、不明確な点はあるものの、基本的には、取締役は、株主以外の会社利害関係者への影響を考慮することができるが、その際には、株主にも何らかの合理的に関連のある利益が生じなければならないと解しているようである。そこで、かかるデラウエア州最高裁判所の法理論は、株主は会社企業の実質的所有者であるという、会社法の伝統的理論に立ちながらも、解釈により、なお社会の実態を反映させ、できる限り株主以外の会社利害関係者の利害を斟酌してゆこうとする立場であると思われる。すなわち、そこでは、今世紀の初頭に、いわゆるドッジ事件（Dodge v. Ford Motor. Co., Mich. Supr, 170 N.W. 668, (1919)）において示された、事業会社は、会社の利潤及び株主の利益を増加させるために事業活動を行うことを、その目的としなければならないという命題を、会社の社会性という観点から、発展させてきたといえる。この点に関連して、さらに、近年のアメリカでは、州の制定法＝会社法の中に、かかるデラウエア州最高裁判所の法理論と類似の内容の州法や、あるいは、さらにこれを飛躍して、取締役が、株主以外の会社利害関係者への影響を、株主の利益と直接関係なく、幅広く検討することを認める内容の州法がみられる（これらの州法は、一般に、Constituency Statutes とよばれており、デラウエア州を除く、約三〇州で採用されている。その代表的なものとしては、ペンシルバニア州の Pa.Bus.Corp.Law § 511(b)、Pa.Bus.Corp.Law § 1715 やニューヨーク州の N.Y.Bus.Corp.Law § 717(b) 等がある。そして、これらの州制定法の立法趣旨は、主に州の政治的・経済的要因から、敵対的企業買収の発生に伴う、対象会社の解体や、資産の切り売り、そして、従業員の解雇等を防ぐというものである。この点につき、例えば、Commonwealth of Pennsylvania, Legislative Journal, Dec. 6, 1983, at 1431, 1436; id. Dec. 14, 1983, at 1524 を参照）。しかしながら、後者のような州法のあり方に対しては、その現実的必要性の点はともかく、株主を会社企業の実質的所有者であるとする会社法の伝統的理論との関連で、問題があるとの趣旨の批判が、A・B・A・(American Bar Association: アメリカ法律家協会）等から向けられており（この点につき、Committee on Corporate Laws, Other Constituencies Statutes: Potential for Confusion, 45 Bus.Law. 2253 (1990) を参照。また、同旨の批判を行うものとして、例えば、A. A. Sommer, Jr., Whom Should the Corporation Serve? The Berle-Dodd Debate Revisited Sixty Years Later, 16 Del.J.Corp.L. 33 (1991) がある）、かかる批判は、さらに、これらの州法が、デラウエア州最高裁判所の法理論と調和した形で解釈されるべきであると指摘している。また、以上の点に関連して、既述の各該当文献の他に、例えば、John A. Anderson, Maine's Non-Shareholder Constituency Statute, 45 Me.L.Rev. 153 (1993), Frank J. Garcia, Protecting Nonshareholder Interests in the Market for Corporate Control: A Role for State Takeover Statutes, 23 U.Mich. J.L.Ref.

507 (1990); Charles Hansen, Other Constituency Statutes: A Search for Perspective, 46 Bus.Law. 1355 (1991); Eric W. Orts, Beyond Shareholders: Interpreting Corporate Constituency Statutes, 61 Geo.Wash.L.Rev. 14 (1992); Robert A. Ragazzo, supra note 12 (§ 2), Richard B. Tyler, Other Constituency Statutes, 59 Mo.L.Rev. 373 (1994); Steven M. H. Wallman, The Proper Interpretation of Corporate Constituency Statutes and Formulation of Director Duties, 21 Stetson L.Rev. 163 (1991) 等の文献を参照。また、かかる州法の一般的状況について、これをわが国に紹介するものとして、例えば、吉原和志「州による企業買収規制の展開と現況（上・中・下）」商事法務一二一六号九頁、一二一八号二〇頁、一二二一号一四頁がある。なお、以上の点に関連して、さらに注の15及び第六章第一節を参照。

(12)　このように取締役の行為を軸に検討を行うのは、合理的なアプローチであると思われる。それは、株主をはじめとするかかる多くの会社利害関係者の利害を最もよく把握しているのは、通常、取締役だからである。なお、この点に関連して、青木昌彦『現代の企業』（岩波書店、一九八四年）七八頁も参照。また、宍戸善一「経営者に対するモニター制度」伊丹敬之・加護野忠男・伊藤元重編『日本の企業システム・第一巻・企業とは何か』（有斐閣、一九九三年）二三〇—二三三頁も参照。また、この点に関連して、M. A. Eisenberg, The Structure of the Corporation (1976), at 23-29 もあわせて参照。

(13)　もっとも、この点に関連して、すでに度々指摘してきたように、このように、対抗措置の際に、敵対的企業買収に伴う多くの会社利害関係者の利害を斟酌してゆくことが、果たして、本当に、伝統的な会社法理論に、法理論上、適合しているものであるのか否かにつき、さらに理論的な検討が必要であると思われる。そこで、この点については、本書の第六章第一節において、詳細に検討することにする。

(14)　この点に関連して、Unitrin, Inc. v. American General Corp., supra note 4 (Ch.2 § 4), at 1374 及び Paramount Communications, Inc. v. Time Inc., supra note 8 (Ch.2 § 4), at 1153 を参照。

(15)　この点に関連して、ＡＬＩ（アメリカ法律協会）による「コーポレート・ガバナンスの原理：分析と勧告」では、その第六・〇二条(a)項及び(b)項において、(a) The board of directors may take an action that has the foreseeable effect of blocking an unsolicited tender offer [§ 1.39], if the action is a reasonable response to the offer. （取締役会は、敵対的公開買付を

妨げるという予見しうる効果をもつ行為を、もし、当該行為が当該公開買付に対し合理的な対応である場合には、なすことができる）とし、(b) In considering whether its action is a reasonable response to the offer (当該行為が当該公開買付に対して合理的な対応であるか否かを考慮するにあたっては): (1)The board may take into account all factors relevant to the best interests of the corporation and shareholders, including, among other things, questions of legality and whether the offer, if successful, would threaten the corporation's essential economic prospects; and （取締役会は、会社及び株主の最善の利益に関わるすべての要素を考慮することができる。そして、その要素の中には、他の事項とともに、適法性の問題、及び、もし、当該公開買付が成功すれば、それが、会社の重要な経済的見通しを脅かすものか否かという問題が含まれる。そして）(2) The board may, in addition to the analysis under § 6.02 (b)(1), have regard for interests or groups (other than shareholders) with respect to which the corporation has a legitimate concern if to do so would not significantly disfavor the long-term interests of shareholders. （取締役会は、第六・〇二条(b)項(1)号のもとでの分析に加えて、会社が正当な関係を有する諸利益または諸グループ（株主を除く）に配慮することができる。ただし、そうすることが、株主の長期的利益を著しく害する場合には、この限りではない）と、規定している。この点につき、The American Law Institute, Principles of Corporate Governance: Analysis and Recommendations, § 6.02 (a), (b), supra note 10 (§ 1), Vol. 1, at 405 を参照。また、この点に関連して、さらに、ＡＬＩ（アメリカ法律協会）の「コーポレート・ガバナンスの原理：分析と勧告」では、その第二・〇一条(b)項の(2)号及び(3)号において、会社の事業行為が継続的に行われるという状況で、責任ある事業行為にとり、適当であると合理的に考えられる倫理的考慮を行うこと、並びに、公共の福祉、人道上、教育上、及び、慈善の目的のために、合理的な量の資源を充てることを、会社に許容しているが（この点につき、id., § 2.01 (b), supra note 10 (§ 1), Vol. 1, at 55 を参照）、前述の第六・〇二条(b)項(2)号の規定は、敵対的公開買付という状況における、こうした第二・〇一条(b)項(2)号及び(3)号に相当するものであると指摘されている。この点につき、id., § 2.01 (b), supra note 10 (§ 1), Vol. 1, at 56、及び、メルビン・Ａ・アイゼンバーグ／翻訳＝前田雅弘（前掲本章第一節注10）商事法務一三七〇号三一頁を参照。また、以上の点に関連して、E. Merrick Dodd, Jr., For Whom Are Corporate Managers Trustees?, 45 Harv.L.Rev. 1145 (1932); Adolf A. Berle, Jr., Corporate

Powers as Powers in Trust, 44 Harv.L.Rev. 1049 (1931); For Whom Corporate Managers Are Trustees: A Note, 45 Harv. L.Rev. 1365 (1932); The 20th Century Capitalist Revolution 169 (1954); Foreword to The Corporation in Modern Society ix, xii (Edward S. Mason ed., 1959) にみられる、いわゆる Berle 対 Dodd の論争も参照。また、さらに、川内克忠「アメリカ法律協会（ＡＬＩ）「会社ガバナンスの原理：分析と勧告」（試案 No.2）第二・〇一条の研究」横浜市立大学論叢四二巻一・二・三合併号（宇南山英夫教授退官記念号）、同「株式会社の目的と社会的行動――アメリカ法律協会「会社ガバナンスの原理：分析と勧告」第二・〇一条と株式会社のモデル――」坂巻俊雄先生還暦記念『公開会社と閉鎖会社の法理』（商事法務研究会、一九九二年）一九五頁も参照。

(16) 例えば、Richard C. Brown, The Role of the Courts in Hostile Takeovers, 93 Dick.L.Rev. 195 (1989); Lyman Johnson & David Millon, The Case Beyond Time, 45 Bus.Law. 2105 (1990); David Millon, Theories of the Corporation, 1990 Duke L.J. 201; R. A. Prentice & J. H. Langmore, Hostile Tender Offers and the "Nancy Reagan Defence": May Target Boards "Just Say No"? Should They Be Allowed To?, 15 Del.J.Corp.L. 377 (1990); Robert A. Ragazzo, The Legitimacy of Takeover Defense in the '90s, 41 Depaul L.Rev. 689 (1992) 等を参照。また、この点に関連して、Eric Grannis, supra note 16 (§ 2); Ronald J. Gilson & Reinier Kraakman, supra note 13 (§ 2); Trevor S. Norwitz, "The Metaphysics of Time": A Radical Corporate Vision, 46 Bus.Law. 377 (1991); Robert A. Ragazzo, supra note 12 (§ 2) 等もあわせて参照。なお、このようなＵＮＯＣＡＬ基準に対しては、主に、いわゆる法と経済学 (Law and Economics) の立場からの批判がみられるが、この点については、別に、第五章の「批判論の検討」（同章の第一節注9）において、検討する。

第四章　ドイツ法

第一節　対抗措置の是非

　ドイツでは、既述のように、対抗措置の法理論は、株主の新株引受権の排除を伴う新株発行の文脈を中心に論じられている[1]。この点に関連して、第二章の第四節ですでに指摘したように[2]、ドイツの裁判所では、今日、いわゆる Kali und Salz 事件の連邦最高裁判所判決[3]により、増資の際に新株引受権の排除が認められるには、株主総会の特別決議という形式的要件に加えて法が明文では規定しない実質的要件が課されることにより、実際上の理由から会社の利益のために正当化される場合に限られるとされ、かかる実質的な有効性の前提条件が満たされているか否かについては、種々の利益と手段・目的の関係との衡量を考慮することが必要であるとされている。そのため、株主の新株引受権の排除は、それが客観的に正当化される場合に限り、許容されることになる。また、このことは、いわゆる Holzmann 事件の連邦最高裁判所判決[4]により、認可資本の設定の際に新株引受権を排除する権限を取締役に委ねる旨の総会決議がなされる場合にも、妥当するとされている。そこで、これらの点から、ドイツでは、対抗措置＝買収からの防衛 (die Abwehr von Übernahmen) が、果たしてかかる正当化される会社の利益にあたるか否かが、対抗措置の法理論の主要な争点となる。(5)

この点について、ドイツでは、既述のように、敵対的企業買収が稀であり、従って、対抗措置の事例もアメリカに比べ限られていることから、これらの Kali und Salz 事件及び Holzmann 事件の以後今日までの間に、新株引受権の排除を利用した典型的な対抗措置の事例はほとんどみられていない。(6) そこで、以下では、これらの事件よりも前に連邦通常裁判所により判断のなされた、かかる典型的事例であるいわゆる Minimax II 事件(7)を検討しながら、対抗措置が果たして正当化される会社の利益にあたるのか否かという争点につき、考察を進めてゆきたい。

まず、事実の概要について述べる。買収者は、対象会社の主たる競争会社 (die Hauptkonkurrentin) であり、同時にその株主であった。両社は、長期間（およそ一〇年間）相互に、他の会社を併合(anzugliedern)するかあるいは自己の勢力下におこうとして争ってきた。買収者は、対象会社を辞めた一人の取締役より、対象会社の株式資本 (Grundkapitals) の約一六％にあたる株式を取得した。その当時、対象会社の取締役員及び監査役員は株式資本の約四〇％を所有していた。かかる状況において、一九五二年五月二四日、対象会社の株主総会は、新株引受権の排除を伴う新株発行により株式資本を三五万ドイツマルク増加すること、そして、認可資本をさらに二六万五千ドイツマルク認めることを決議した。そして、対象会社の取締役は、一二万ドイツマルクの認可資本を用いて、この株式を会社の経営陣 (Verwaltungsmitgliedern) 及びそれに好ましい関係者 (ihnen genehmen Personen) に額面価額で割り当てた。かかる際、新株引受権を排除された買収者から、券面額の一五〇％の価額で新株を引受けるという申込がなされていたが、この申込は拒絶されたというものである。[8]

そこで、本件では、買収者により、券面額の一五〇％の価額で申込がなされている状況で、取締役が株式を額面価額で自己を含む関係者に交付することは許されず、かつ、取締役は新株の割当にあたり平等取扱原則に違反(die Verletzung des Gleichbehandlungsgrundsatzes)して一部の株主を優遇してはならないとして、その経営権限の濫用(der Vorstand habe seine Verwaltungsbefugnisse mißbraucht)等が主張された。

以上が本件の事実の概要である。[9] そして、本件において、裁判所は、次のように指摘をし本件訴訟を棄却した。すなわち、裁判所は、まず、株主の不平等な取扱いがみられる場合にも、それが実質的に根拠のある(berechtigt)ものであり、かつ、恣意的な性格(den Charakter der Willkür)をもつものでないときには、かかる取扱いも許容しうると述べ、本件では、まさにそのような状況がみられると指摘をした。そして、その上で、裁判所は、買収者は、対象会社をその影響下に置いてこれをせん滅する(vernichten)意図を追求するものであり、かかる状況では、これを挫折させる(vereiteln)ことは対象会社の経営者の責務であると指摘した。そして、これらの点から、裁判所は、取締役はその経営権限を濫用するものではないと結論付けたのである。また、そこでは、さらに、買収者は専ら自己の利益において行動しており、株主の権利を主張する資格を有しないとも指摘された。

このようにして、このMinimax II事件は、買収者が対象会社をせん滅する意図を有する場合には、新株引受権の排除を伴う新株発行により、対抗措置をなすことが許されることを明らかにした。そして、学説上も、このMinimax II事件の見解を支持するものが多数を占めている。[10] また、さらに、あるものは、この場合に加えて、会社の経済的独立性(wirtschaftlicher Selbständigkeit)が脅かされる場合にも、対抗措置をなすことができるとしている。[11] そこで、これらの点から、ドイツでは、一般的に、対抗措置は正当化される会社の利益にあたると解されている。[12] そこで、このようにして、ドイツでは、今日、対抗措置としてなされる新株引受権の排除を伴う新株発行について、会社の利益のために正当化される場合であるか否かにつき、種々の利益と手段・目的の関係との衡量が考慮されることにより（Kali und Salz 事件の要請）、その多くのものが許容されることになると推測される。[13]

（1）ドイツでは、対抗措置としては、株主の新株引受権の排除を伴う新株発行の利用が中心を占め、その他には議決権制限、自己株式の取得、株式の譲渡制限等が利用されている。もっとも、議決権に関して、一九九八年五月一日に施行された改正ドイツ株式法では、上限付議決権と複数議決権株式は、廃止された。これらの点につき、例えば、Carsten Thomas Ebenroth/Angela Rapp, (a. a. O. N. 16 (II, 4)) S. 2ff.や福島（前掲第一章注21）「ドイツにおける株式公開買付に対する会社法上の防衛措置」の文献を参照。また、ドイツにおける対抗措置の法理論を、わが国に紹介するものとして、近時のものでは、前述した、福島（前掲第一章注21）の文献、及び、同（前掲第二章第四節注16）の文献を参照。

（2）ドイツにおける新株引受権の排除と新株発行の一般的状況につき、同箇所を参照。

（3）Urteil vom 13. 3. 1978, BGHZ 71, 40 (a. a. O. N. 26 (II, 4))

（4）Urteil vom 19. 4. 1982, BGHZ 83, 319 (a. a. O. N. 29 (II, 4))

（5）この点に関連して、例えば、Carsten Thomas Ebenroth/Angela Rapp, (a. a. O. N.16 (II, 4)) S. 3 を参照。なお、株主の新株引受権の排除について、本文で前述したように、その排除には種々の制約が伴うといえるが、近時、こうした排除の要件を緩和したものと解しうる連邦通常裁判所の判決が出されている。この判決は、一九九七年六月二三日に出されたものであり、一般に、Siemens/Nold 事件とよばれている。本件について、紹介するものとして、Aktiengesellschaft 1997, S.465; Volhard, Siemens/Nord, Aktiengesellschaft 1998, S.397 ff. がある他、これをわが国に紹介するものとして、小宮靖毅「新株引受権への視点——新株引受権をめぐる欧州会社法上の問題点の把握」丸山秀平編著『続ドイツ企業法判例の展開』（中央大学出版部、一九九八年）一頁以下や福島（前掲第一章注21）「ドイツにおける株式公開買付に対する会社法上の防衛措置」一六三―一六六頁の文献がある。

（6）　なお、Kali und Salz 事件及び Holzmann 事件も、それら自体は対抗措置の事例ではない。

（7）　Urteil vom 6. 10. 1960, BGHZ 33, 175. (a. a. O. N. 19 (II, 4)) なお、本件の最初の判決は、Urteil vom 27. 9. 1955, BGHZ 21, 354 であり、差戻の後、同一の事案につき、再び連邦通常裁判所が判決を下したというものである。なお、本件以前の事例については、例えば、第二章第四節注19で指摘した文献を参照。

（8）　本件では、かかる行為が対抗措置としてなされたことが明白であった。例えば、そこでは、Darum habe im Interesse der Gesellschafter und zur Erhaltung des Unternehmens verhindert werden müssen, daß die T. ihren Einfluß über die von O. erworbenen Aktien in Höhe von rund 16% des Grundkapitals erweiterte order gar die Mehrheit erwarb. Deshalb sei auch das Angebot von H., gleichviel zu welchen Bedingungen, unannehmbar gewesen. (BGHZ 33, 175 S. 183)（Tが、株式資本の約一六%の程度まで、Oにより取得された株式に対して、その影響力を拡大したり、あるいは、完全に多数を獲得することは、出資者の利益や企業の維持のために、阻止されなければならなかった。それゆえ、Hによる申し出も、いかなる諸条件においても、受け入れがたいものであった）と指摘されたり、Da die T. eindeutig den Willen zur Vernichtung der Beklagten bekundet habe, sei es nicht sittenwidrig, wenn die Verwaltung der Beklagten jede auch nur beschränkte Einfluß erweiterung der T. zu verhindern suchte, indem sie auch für die ausgegebenen weiteren 120000 DM Aktien das Bezugsrecht ausschloß. (BGHZ 33, 175 S. 184)（Tは、被告のせん滅の意思を、明確に示していた。そのため、被告の経営者が、Tの限定された影響力の拡大すらも、新たに発行される一二万ドイツマルクの株式に対して新株引受権を排除することにより、阻止しようとつとめたときには、それは良俗規範に違反するとはいえない）と指摘されている。

（9）　BGHZ 33, S. 175 ff. (a. a. O. N. 19 (II, 4))

（10）　この点に関連して、Füchsel, Probleme des Bezugsrechtsausschlusses im deutschen Aktienrecht, Betriebsberater 1972, S.1538; Wiedemann, in Großkommentar, § 186 Anm. 2 (b)を参照。また、Mertens, in Kölner Kommentar, § 93 Rnr.26, § 76 Rnr.26 も参照。なお、この点に関連して、少数説ながら、かかる見解をいわゆる会社の機関権限の分配秩序の観点から批判

する。Mestmäcker による有力学説もあるが、この主張については、別に第五章第三節で詳細に検討する。この Mestmäcker の主張につき、Mestmäcker, (a. a. O. N.19 (I)) S. 146f.; ders., Zur aktienrechtlichen Stellung der Verwaltung bei Kapitalerhöhungen, Betriebsberater 1961, S. 945ff.（及び、その邦訳である上柳克郎=河本一郎監訳『メストメッカー教授論文翻訳集・法秩序と経済体制』（商事法務研究会、一九八〇年）二〇五頁）を参照。

(11) この点に関連して、Martens, (a. a. O. N.29 (II, 4)) S. 452ff. を参照。また、Martens, Der Einfluß von Vorstand und Aufsichtsrat auf Kompetenzen und Struktur der Aktionäre—Unternehmensverantwortung contra Neutralitätspflicht, in FS für Karl Beusch, 1993, S. 529 ff.もあわせて参照。

(12) この点に関連して、例えば、Carsten Thomas Ebenroth/Angela Rapp, (a. a. O. N.16 (II, 4)) S. 3; Chryssafoula Papathanassiou, (a. a. O. N. 16 (II, 4)) S. 170, 174; Hauschka/Roth, (a. a. O. N. 16 (II, 4)) S. 191 等を参照。なお、この点に関して、多数株主や経営陣の自己利益の追求を目的とする新株引受権排除増資は、一般的に、許されないと解されている。この点につき、例えば、Füchsel, (a. a. O. N. 10) S.1538; Lutter, in Kölner Kommentar, § 186 Anm. 54; Martens, (a. a. O. N. 29 (II, 4)) S. 459 等を参照。

(13) 前述のように、ドイツでは、Kali und Salz 事件の以後今日までの間に、新株引受権の排除を利用した典型的な対抗措置の事例は、ほとんどみられていない。そこで、Minimax II 事件の判旨を Kali und Salz 事件の判旨とあわせて考えると、このように推測される。この点につき、Carsten Thomas Ebenroth/Angela Rapp, (a. a. O. N. 16 (II, 4)) S. 3 を参照。また、Chryssafoula Papathanassiou, (a. a. O. N. 16 (II, 4)) S. 166ff.も参照。ただし、この点に関連して、Urteil vom 1. 2. 1988, BGHZ 103, 184; Hopt, Aktionäreskreis und Vorstandsneutralität, Zeitschrift für Unternehmens- und Gesellschaftsrecht 1993, S. 534, 549f.; Krause, (a. a. O. N. 16 (II, 4)) S. 214f.、及び、Assmann/Bozenhardt, (a. a. O. N. 16 (II, 4)) S. 129; Otto, (a. a. O. N. 16 (II, 4)) S. 9 もあわせて参照。なお、Kali und Salz 事件は、現物出資による増資が問題となった事例であるが、そこでは、当該財産の取得につき会社が緊急の利益を有していたか否か、その取得のために新株引受権排除増資が必要であったか否か、株主への不利益（比例的な持分及び議決権の変更等）の程度がより小さい他の手段によって目的を達成することは無理であったか否か、という趣旨の検討がなされた。この点につき、BGHZ 71, S. 47f.を参照。また、Lutter, (a. a. O. N. 26 (II, 4)) S. 405 ff.も参照。なお、以上のようなドイツ法の状況について、第二章第四節注16で指摘したように、本書の脱稿後の現在、ドイツにおいて、企業買収法(Übernahmegesetz)の制定に向けた新たな動きがみられることから、そこですでに断ったように、こうした動きが現実化すれば、ドイツ法の状況には、大きな変化が生ずると予測される。この点につき、同箇所で示された文献も参照。

第二節　小　括

以上の検討から、ドイツでも、アメリカにおけるのと同様に、対象会社の取締役は、その授与された権限を基礎に、自己利益の追求を目的とする場合を除き、敵対的企業買収に対し、新株引受権排除増資により対抗措置をとることができるものとされ、裁判所による司法審査を経た上で、かかる行為も保護されうることが明らかとされた。

そして、かかる司法審査の内容としては、当該対抗措置が会社の利益のために正当化されるか否かが検討され、その際に種々の利益と手段・目的の関係との衡量の点が考慮されることになると思われる(1)。そして、ドイツでは、一般的に、対抗措置は正当化される会社の利益にあたると解されていることから、その多くのものが許容されることになると推測される。

そこで、かかる点から、ドイツでも、裁判所が、一応対抗措置の妥当性につき司法審査を試みている(2)と指摘することができる(3)。

(1)　この点に関連して、第二章第四節注28で指摘したように、Kali und Salz 事件では、さらに立証責任の問題も言及され、株主（買収者）の証拠提出の困難性、そして、事件に必要な資料と情報を自由にできるのは（対象）会社の側であることに鑑み、総会決議に異議を申し立てる者は、訴訟の原因としてその主張する瑕疵を立証しなければならないが、会社側は、当該決議にとり決定的な諸々の理由を個別的に説明する役割を負う、と指摘された。

(2) なお、この点に関連して、第二章第四節で指摘したように、ドイツでは、法制度の違いから、通常、当該増資を決議したあるいは取締役に増資を授権した、株主総会決議の無効ないし取消が問題となることから、この点で、アメリカにおけるのとアプローチが異なっている。

(3) この点に関して、ドイツにおける司法審査では、アメリカでみられたような、敵対的企業買収に伴う多くの会社利害関係者の利害を考慮するという視点は、明示的には問題とされてはいない。なお、この点に関連して、ドイツでは、一九三七年株式法の当時、その第七〇条第一項において、取締役は、企業及び従業員の利益ならびに公共の福祉の要求するところに従い、会社を指揮しなければならないとする旨の規定が置かれていた（§ 70 Abs. 1 AktG, 1937）。しかしながら、この規定は、一九六五年株式法では、採用されなかった。そして、その主な理由は、政府草案理由書及び委員会報告書によれば、取締役が、その処置に際し、株主及び従業員の利益を顧慮しなければならないことは自明のことであり、それゆえ、法律の中に明示的に定められる必要はなく、また、法律にそれが採用された場合には、否応なしに、それに広汎な意味が背負わされてしまう危険があると、指摘されている（この点につき、慶應義塾大学商法研究会訳『西独株式法』（慶應義塾大学法学研究会（一九八二年））一〇五―一〇八頁を参照）。また、以上の点につき、ハンス・ヴュルディンガー／河本一郎（訳）「株式法の発展と改正」神戸法学雑誌一六巻四号七七五頁、河本一郎「ドイツ会社法セミナーの概要〔上〕――ヴュルディンガー教授を迎えて――」商事法務七一九号八二八頁、新山雄三「株式会社企業の法的規制における「公益」確保の試みについて㈠――ドイツ法における状況」岡山大学法学会雑誌二一巻三・四号三三頁等を参照。なお、この点に関連して、EUでは、かつてのヨーロッパ共同体委員会による、会社法第五指令変更提案（一九八三年）の第一〇条第二項第一文において、株式会社の役員は、株主及び従業員の利益を顧慮しながら、企業の利益において、その権能を行使しなければならないとする旨の規定が置かれていたが、その後も、この点に関して、さらに検討が進められているようである。この点につき、Geänderter Vorschlag einer 5. gesellschafts-rechtlichen Richtlinie vom 19. 8. 1983, Beilage zum Bulletin der Europäischen Gemeinschaft 6/83; Walter Kolvenbach, EEC Company Law Harmonization and Worker Participation, 11 U.Pa.J.Int'l Bus.L. 709 (1990), at 709-720, 764-786 を参照。

第五章　批判論の検討

第一節　外国法の基本的立場

このように、以上では、アメリカ及びドイツにおける対抗措置の法理論の検討を行ってきたが、次に、本章では、かかる検討を踏まえながら、さらに考察を進めてゆくことにしたい。まず、以上の比較法的検討から明らかなように、アメリカにおいてもドイツにおいても、対象会社の経営者は敵対的企業買収に対し対抗措置をとることができるとされており、裁判所は、その対抗措置の妥当性ないし合理性について司法審査を試みている(1)。そこで、この点について、第二章ですでに検討したように、わが国においても、対抗措置として認定さるべき第三者割当増資の公正性の判断にあたり、その行為に見合った、当該行為を適切に法的評価しうる法基準の確立が必要であると考えられる(2)。そこで、この点について、本書では、以上の検討から明らかなように、アメリカやドイツにおいても、対抗措置の法理論により、基本的に、その解決が解釈論的に図られていることから、かかる外国法の立場を基に、このような法基準を解釈論的に確立してゆくことができないか否か、まず、そうした解釈論的解決について検討してゆくことにしたい。[3]

そこで、外国法の立場をまず整理すると、基本的には、アメリカ法にみられるUNOCAL基準の立場に集約・代表することができるように思われる。すなわち、それは、まとめると、「対象会社の経営者は、会社の経営(新株発行)に関する権限を基礎に、自己利益の追求を唯一または主要な目的として行為した場合を除き、敵対的企業買収に対し対抗措置をとることができる。しかしながら、かかる状況における経営者の利益衝突の観点、そして、対抗措置の合理性の観点等から、その対抗措置は、裁判所により客観的な司法審査を受けなければならない。そして、かかる司法審査の内容としては、対象会社の側は、その対抗措置の達成が会社にとり必要であり、そして、相当なものであることを立証しなければならない(すなわち、具体的には、対象会社は、(ア)会社の経営方針・政策等に対し、買収者による株式所有のために、損害ないし不利益が及ぶ危険が存在すると信じ、かつ、その合理的な根拠を有していたこと、そして、(イ)その対抗措置が、生じた危険(すなわち脅威)との関係で合理的であったこと、を立証しなければならない)。[4] そして、その上で、経営者の当該対抗措置の決定に経営判断原則が適用されることになる。[5] そして、かかる司法審査の結果、その対抗措置が経営者の信認義務(忠実義務ないし善管注意義務)[6]の違反(新株発行の場合には、公正・妥当でない新株発行)を構成するか否かが定まることになる」というものである。

そこで、以下では、かかる外国法の基本的立場を基に、わが国において、対抗措置として認定さるべき第三者割当増資の公正性の判断にあたり、その行為を適切に法的評価しうる法基準を確立するために、その解釈論的解決の可能性について検討してゆくことにしたい。そして、そこでは、かかる可能性について検討してゆくために、外国法の基本的立場に対して考えうる批判論を検討してゆくことにする。そして、その方が、様々な立場を比較検討するよりも、議論の整理の上で有益であると考えられる。この点に関して、かかる外国法の基本的立場に対しては、いわゆる経営判断原則説[7]からの批判と、いわゆる会社の機関権限の分配秩序説[8]からの批判が最も予想される[9]。そこで、以下では、まず、経営判断原則説からの批判について、検討してゆくことにしたい。

（1）　この点に関連して、わが国の判例の中にも、場合により対象会社の経営者は対抗措置をとることができると、解しうるような指摘をなしているものがある。この点につき、例えば、京都地判平成四年八月五日（前掲第二章第四節注36）では、「乗っ取りを企てる者が、会社を害する意図を有し、乗っ取りによって会社が壊滅させられることが明らかな場合等、特段の事情」があるような場合には、対抗措置が許容されると解しうる指摘がみられる。また、いわゆる忠実屋・いなげや事件（前掲第二章第一節注8）でも、「申請人（買収者）が被申請人（対象会社）の経営に参加することが被申請人の業務にただちに重大な不利益をもたらすことの疎明」があるような場合には、やはり対抗措置が許容されると解しうる指摘がみられる。また、これらの判例の他にも、京都地判平成四年八月五日の控訴審判決（これについては、前掲第二章第四節注36を参照）、そして、自己株式の取得の方法による防御手段をめぐるいわゆる三井鉱山事件（前掲第二章第一節注6）の第一審判決にも、それぞれ、対象会社の経営者は場合により対抗措置をとることができると解しうる指摘がみられる。特に、いわゆる三井鉱山事件の第一審判決では、傍論ではあるが、「株主が反社会的利益追求の目的のため……（中略）……会社の株式を買い占め、これによって会社の経営を支配し、会社の経営陣のみならず他の一般株主、債権者、従業員、取引先等会社の利害関係者に重大な損害を与える危険性が高く、かつこれが差し迫っている状況下で、右株主の野望をくじき、会社の受ける重大な損害を回避するために必要な対抗策としての自己株式の取得は、会社の発行済株式総数に占める割合、これの取得によって被る会社の損害の程度等を斟酌したうえ、なお相当なものとして許容される余地が全くないものとはいえない」と指摘されている。

（2）　この点に関連して、当該第三者割当増資が資金調達の目的でなされるものと認定されるような場合には、その公正性の判断にあたり、主に会社の資金需要の有無の要素を考慮し、第三者割当増資という方法の選択についても基本的に検討を行う、現在のわが国の裁判所の判断方法にも、基本的に、それほど大きな問題はないように思われる。この点に関連して、第二章第二節を参照。また、いわゆるタクマ事件（前掲第二章第一節注8）、第二次宮入バルブ事件（前掲第二章第一節注8）も参照。そして、川浜（前掲第一章注7）民商法雑誌九五巻四号一四頁、及び、森田（前掲第一章注11）六頁もあわせて参照。もっとも、第三者割当増資が、資本提携の目的、業務提携の目的、従業員持株制度の推進の目的等のためになされるものと認定される場合もありえることから、これらの場合には、主として、それぞれの事業目的の達成が会社にとり必要であり、当該第三者割当増資がその目的のために必要であるか否かという観点から、その公正性の判断を検討すべきであると思われる。そして、このように、資金調達の目的以外の目的でなされる第三者割当増資の場合についても、十分に配慮しておく必要があると思われる。この点に関連して、川浜（前掲第一章注7）民商法雑誌九五巻四号一四頁も参照。ただ、このような結果、取締役会は、例えば、自己の判断で企業結合関係を創設することができることになるため、わが国の現行商法の新株発行規制（この点につき、商法第二八〇条ノ二第一項、及び、第一六六条一項三号、六号、同条三項を参照）については、他の企業結合関係形成の規制（営業譲渡及び合併）との均衡上問題があるとの指摘がなされている。この点につき、例えば、浜田道代「第三者割当増資」ジュリスト九四八号三九、四六頁を参照。また、森（前掲第一章注21）六四七頁、及び、六五二頁注19も参照。

（3）この点に関して、すでに第一章の注13で指摘したように、著者は、かつて、別稿において、このような解釈論的解決の可能性について論じたことがある。また、その後、松井（前掲第一章注13）の文献も、授権資本制度と新株発行権限の所在に関する歴史的沿革を踏まえながら、著者とほぼ結果同旨の、解釈論的解決の可能性を論じている。しかしながら、そこですでに断ったように、著者は、現在、外国法の立場を基にした、こうした解釈論的解決には、その実際上の有用性の点はともかく、法理論上は、理論的な限界があるものと捉えている。この点につき、本書の第六章を参照。

（4）そして、この点に関連して、(ア)の立証については、対象会社の経営者は、誠実であり、合理的な調査等を行うことが必要とされる。また、(イ)の立証については、経営者は、基本的な株主の利益及び株主以外の会社利害関係者への影響等を含む、敵対的企業買収の対象会社に対する影響を総合的に分析することが必要とされる。そして、(イ)の立証に関して、経営者がかかる要求を履行していたか否かを裁判所が検討することにより、敵対的企業買収に伴う多くの会社利害関係者の利害が十分に考慮され、敵対的企業買収の実態に即した合理的な利害調整が図られることになる。

（5）　なお、この点に関連して、かかる経営判断原則の機能及び内容については、わが国では、アメリカにおけるのとやや異なる点に注意する必要がある。すなわち、アメリカでは、第三章第一節で検討したように、経営判断原則は、一定の要件のもとに裁判所による司法審査を原則として排除する理論として機能しているが、わが国では、一般的に、裁判所が経営者の任務懈怠の有無を判断する際のいわば指針として機能しているにとどまる。また、その内容についても、アメリカでは、経営判断原則の内容は、経営者による事業決定についての推定であると多くの場合認識されているが、わが国では、一般的に、「（取締役に注意義務違反がないといえるためには）、その判断が、その当時の状況に鑑み、取締役として会社の業務執行を行う能力及び識見を有する者の立場からみて、明らかに不合理でないことが必要である」との表現で理解されている。この点につき、例えば、吉原和志「取締役の注意義務と経営判断原則」別冊ジュリスト・会社判例百選（第五版）一一九頁を参照。また、神崎克郎『取締役制度論』（中央経済社、一九八一年）六八頁、同「経営判断の原則」森本滋＝前田雅弘＝川浜昇編『企業の健全性確保と経営機構』（有斐閣、一九九七年）一九三頁、及び、龍田節『会社法（第二版）』（有斐閣、一九九一年）九〇頁も参照。そして、近藤光男『経営判断と取締役の責任――「経営判断の法則」適用の検討』（中央経済社、一九九四年）一〇七―一二一頁もあわせて参照。また、わが国では、近時、かかる経営判断原則をめぐる判例が次第に増加しているが、この点につき、例えば、いわゆる三井鉱山事件（前掲第二章第一節注6）の上告審判決、東京地判平成五年九月一六日（判例時報一四六九号二五頁・いわゆる野村証券事件）、東京地判平成五年九月二一日（判例時報一四八〇号一五四頁・いわゆる日本サンライズ事件）等の各判例を参照。また、経営判断原則をめぐるごく最近の判例状況については、主として実務的観点からではあるが、これを広く紹介・検討するものとして、例えば、久保利英明＝中村直人＝菊地伸共著『取締役の責任――代表訴訟時代のリスク管理――』（商事法務研究会、一九九九年）がある。なお、経営判断原則に関する最近の議論状況を整理するものとして、例えば、吉原和志「取締役の注意義務と経営判断原則」別冊ジュリスト・会社判例百選（第六版）一一二―一一三頁や同「取締役の経営判断と株主代表訴訟」近藤光男＝小林秀之編『株主代表訴訟体系』（弘文堂、一九九六年）五一頁等がある。

（6）この点につき、第二章第四節注5を参照。

（7）この点につき、第一章注11の文献を参照。

（8）この点につき、第一章注10の文献を参照。

（9）この点に関連して、いわゆる法と経済学 (Law and Economics) の立場からの批判も考えうる。そして、その批判の内容は、会社の支配市場が経営効率性をもたらし株主の利益につながるとして、対象会社の経営者は、敵対的企業買収に対し受動的であるべきという趣旨のものである。この点につき、例えば、Frank H. Easterbrook & Daniel R. Fischel, The Proper Role of a Target's Management in Responding to a Tender Offer, 94 Harv.L.Rev. 1160 (1981); The Economic Structure of Corporate Law (1991); Ronald J. Gilson, A Structural Approach to Corporations: The Case Against Defensive Tactics in Tender Offer, 33 Stan.L.Rev. 819 (1981)、及び、Roberta Romano, Foundations of Corporate Law (1993), at 229-300 等の文献を参照。また、特に、会社法の分野で、かかる法と経済学の立場を、わが国に体系的に紹介しながら、詳細に検討を行っている文献として、徐治文「「法と経済学」の会社法理論（一〜三）——現代会社法学の一つの模索として——」法政研究六四巻二号七一頁、六四巻四号一六三頁、六五巻二号二九頁がある。しかしながら、かかる法と経済学の立場は、確かに、効率性という経済学的アプローチを従来の会社法理論に新たにもたらしたという点では、評価されるべきであるが、反面、その基礎理論である効率性や実証性の点等について多くの疑問が投げかけられており、わが国における対抗措置の問題の解釈論を検討する上で、その批判はあまり現実的でないように思われる。この点につき、法と経済学の立場を批判的かつ詳細に検討する、川浜昇「「法と経済学」と法解釈の関係について——批判的検討——（一〜四）」民商法雑誌一〇八巻六号二二頁、一〇九巻一号一頁、一〇九巻二号一頁、一〇九巻三号一頁を参照。また、この点に関して、アメリカでも、例えば、法と経済学の主唱者である Frank H. Easterbrook は、彼の判事としての担当事件については、法と経済学の理論を必ずしも適用してはいない。この点につき、Amanda Acquisition Corp. v. Universal Foods Corp., 7th Cir., 877 F.2d 496 (1989) を参照。また、以上の点に関連して、Unocal Corp. v. Mesa Petroleum Co., supra note 15 (Ch.1), at 955 Note 10; John C. Coffee, Jr., Regulating the Market for Corporate Control: A Critical Assessment of the Tender Offer's Role in Corporate Governance, 84 Colum.

L.Rev. 1145 (1984); John C. Coffee, Jr., et al., Corporate Takeovers: Who Wins; Who Loses; Who Should Regulate?, REG., (Jan. 1988), at 23; Robert A. Ragazzo, supra note 16 (§5 Ch.3) 等もあわせて参照。

第二節　経営判断原則説

この見解は、対象会社の経営者が敵対的企業買収に対し対抗措置をとることができることを前提に、裁判所によるその司法審査の必要性について批判を行うものである。また、この見解は、さらに、その際に経営者側に立証上の負担を課すことについても批判する。すなわち、この見解の論者によれば、「(新株) 発行差止仮処分の裁判所の決定は支配権争奪についてほとんど決定的な役割を果たすが、株主からの信認を受けて経営を任されている取締役がまず経営判断をすべきであって、裁判所は経営判断が許されないような事例においてのみ関与すれば足りるのではないか。そうでないと裁判所も負担が大きくなりすぎる」とし、[1]「(対象会社の) 現経営者は、自己の経営責任が問われているという疎明のないかぎり、会社の存続等も含めた会社の長期および短期の利益について経営判断をなしうる」と指摘する。[2]そして、かかる経営者の経営判断の観点から、会社支配をめぐる争いのある局面でも、取締役は対抗措置 (新株発行等) をなすことが許され、[3]かかる対抗措置にも通常経営判断の原則が適用されることにより、保護されうる (新株発行の場合には、いわゆる不公正発行にあたらない) と指摘されている。

そこで、以下では、この見解について、検討してゆくことにしたい。

まず、これまでも度々指摘してきたように、[4]対象会社の経営者が、会社支配をめぐる争いのある局面で対抗措置を行う場合には、会社の利益よりも、主として自己の利益を追求する目的でなされる危険が常に伴うといえる。

そこで、かかる利益衝突の虞がある以上、たとえ経営者はその経営判断により対抗措置をとることができるとしても、自己利益の追求を許すことにもなりかねないかかる対抗措置を、客観的な司法審査も経ることなくそのまま容認することは、妥当とはいえないように思われる。また、ひとえに対抗措置といっても、その状況、程度、内容は事案によって異なるのであり、対抗措置が許容されるか否かについては、その合理性ないし相当性についても審査が必要になると思われる。そこで、かかる点から、裁判所による対抗措置の妥当性・合理性の司法審査は、経営判断原則の適用にあたり、常に必要であると考えられる。また、経営判断原則説の論者は、さらに、司法審査の際に経営者の側に立証上の負担を課すことについても批判している。そこで、この点に関して、やはりこれまでも度々指摘してきたように、(5)前述した司法審査の要請、そして、会社内部の情報は通常対象会社側が有していること、買収者にはそれらへの接近が困難なこと、そして、さらに、わが国には、アメリカにおいてみられる程に強力な、事件に関する情報の開示及び収集に関する、いわゆるディスカバリー(discovery)の制度がないこと等から、(6)たとえ経営者は会社の存続等も含めた会社の長期及び短期の利益につき経営判断をなしうるとしても、経営者の側に立証上の負担を課すことにはなお合理性があると考えられる。そこで、このようにして、裁判所による対抗措置の司法審査は常に必要であり、その際に経営者の側に立証上の負担を課すことも合理的であると思われる。

それでは、このように、裁判所が対抗措置の妥当性・合理性につき司法審査を行う必要があるとする場合に、その審査能力についてはどうなのであろうか。この点に関連して、経営判断原則説の論者は、前述のように、「経営を任されている取締役がまず経営判断をすべきであって、……(中略)……そうでないと裁判所も負担が大きくなりすぎる」として、裁判所のかかる審査能力を疑問視する趣旨の指摘をなしている。(7)そこで、この点について検討するに、確かに、敵対的企業買収における対抗措置の問題は高度の経営判断に関わる問題であり、経営の専門家ではない裁判官にはなじみの薄い、それゆえ、その「決定自体の是非」を判定しにくい問題であるといえる。しかしながら、ここで問題なのは、決定自体の是非というよりも、アメリカ法にみられるように[8]、対象会社の経営者の決定が、すべてを考慮した際に、「合理性の範囲内にあったか否か」(すなわち、その当時の状況に照らし、通常の取締役の立場からみて、「それなりの合理性の範囲内のものか否か(ないしは、明らかに不合理なものでないか否か)」) の判定であり、裁判所が経営者に取って代わり経営判断を下すというものではないと思われる。そこで、かかる判定は、裁判所にとっても可能であるように思われる。また、この点に関連して、やはりアメリカ法にみられるように[9]、裁判所は、対抗措置の司法審査をなすにあたり、単に経営者の誠実性だけではなく、取締役会の対抗措置の決定に至るまでのプロセス・経緯の内容を客観的に検討することにより、その検討結果の集積を主な基礎として、さらに前述した経営者の決定それ自体の内容の合理性もあわせて検討することにより、対抗措置の妥当性・合理性につき実質的に判断をなすことが可能になると思われる[10]。なぜならば、かかるプロセス・経緯の内容の客観的検討も、裁判所にとりそれほど困難なことではないといえるからである。そして、この点に関連して、アメリカでは、かかる客観的な検討の際に(それが決して決定的な要素ではないが)、対象会社の経営者が、対抗措置の決定にあたり、財務顧問・投資銀行・弁護士等の専門家から鑑定・分析評価等の助言を得ていたかどうか、また得ていた場合に、どういう専門家からいかなる内容の助言を得ていたのか、という要素が裁判所によって分析されている[11]。そして、かかる専門家の鑑定・分析評価等の裁判所による分析は、対抗措置という高度の経営判断に関わる問題の司法審査をなすにあたり、ある程度有効に機能しているように見受けられる[12]。そこで、かかる専門家による鑑定・分析評価等も、今後、わが国の裁判所においても、もっと利用されうる余地があるように思われる。[13]そこで、このようにして、裁判所は、対抗措置の妥当性・合理性につき司法審査を行う能力を基本的に備えているように思われる。[14]そして、このように、裁判所が、対抗措置の司法審査をある程度合理性を保ちながら行うことにより、対象会社の経営者による経営判断を常に追認してしまうという危険[15]も、なくなるものと思われる。[16]

このように、以上では、経営判断原則説からの批判について検討を行ってきたが、次に、次節では、いわゆる会社の機関権限の分配秩序説からの批判について、検討してゆくことにしたい。

（1）森田（前掲第一章注11）六頁参照。なお、引用文中の括弧内の文字は、著者による補足である（本書の他の箇所においても、ほぼ同様である）。

（2）森田（前掲第一章注11）六頁参照。また、森田（前掲第一章注21）一五一頁も参照。もっとも、森田教授の近年の著書である『現代企業法入門』（有斐閣、一九九五年）一五一頁では、かかる指摘を改説されてあるようにも読める。

（3）同旨の指摘をなすものとして、新谷勝「第三者割当ての新株発行と株式買占者による新株発行差止仮処分申請の却下」金融・商事判例八一六号四二、四七頁を参照。ただし、そこでは、支配の変更を伴う新株の発行は、立法論として、合併に準じた株主総会の特別決議事項とすべきであるとも指摘されている。また、新谷勝「新株発行差止の要件と仮処分の効力」手形研究四二四号二四頁も参照。また、この点に関し、松井（前掲第一章注13）法学協会雑誌一一四巻六号一三〇頁以下もあわせて参照。

（4）本書の第二章第三節、第三章第二節、第四節、第五節、本章第一節等における各該当箇所を参照。

（5）本書の第二章第三節注7（及び、そこでの文献）、第四節注28、第三章第五節注2、第四章第二節注1を参照。

（6）この点に関して、文書の提出に関する、わが国の現行民事訴訟法第二二〇条は、旧民事訴訟法第三一二条に比べ、文書提出義務の範囲を拡大しており（第二二〇条第四号を参照）、また、現行民事訴訟法第一六三条は、いわゆる当事者照会制度を新設している。そこで、これらの点から、確かに、わが国においても、旧民事訴訟法下に比べ、必要な証拠や情報を収集しやすくなったといえる。しかしながら、この点に関して、これを、アメリカにおけるディスカバリーの制度と比較すると、いまだに、その程度までには、至っているとはいえない。この点につき、例えば、松井秀樹「企業法務からみた新民事訴訟法——文書提出命令を中心にして」ジュリスト一一〇六号六七頁、石川明=小島武司編『新民事訴訟法（補訂版）』（青林書院、一九九七年）一六七—一六八、一九六—一九八頁を参照。また、アメリカにおける Federal Rules of Civil Procedure（連邦民事訴訟規則）の R.26 以下の規定もあわせて参照。

（7） この点に関連して、機関権限の分配秩序説の論者も、同様に、かかる裁判所の審査能力を疑問視する指摘を行っている。この点につき、例えば、森本（前掲第一章注10）二二八頁、洲崎（前掲第二章第二節注11）二〇五頁を参照。

（8） 本書の第三章第二節注14、第五節注8を参照。

（9） 本書の第三章第五節を参照。

（10） 第三章第五節注9ですでに指摘したように、ここでは、裁判所は、経営者の決定それ自体の内容の合理性も検討しており、そこでの判断は実質判断といえる。

（11） この点につき、第三章第五節を参照。また、その他の要素についても、同箇所を参照。また、この点に関連して、第三章第五節注7もあわせて参照。

（12） この点に関連して、確かに、専門家が投資銀行等の場合には、対象会社との間に取引関係があることが多いであろうから、そうすると、対象会社に有利な鑑定・分析評価等がなされていることが、比較的多くあるかもしれない。しかしながら、これに対しては、買収者の側も、独自に専門家による鑑定・分析評価等を裁判所に提出して争うことができるのであり、これらの当事者による努力を通じて、対抗措置という高度の経営判断に関わる問題も、より客観化され、明確化されることになると思われる。そこで、かかる専門家による鑑定・分析評価等は、裁判所の対抗措置に関する司法審査をある程度効率化させるものと思われる。

（13） この点に関連して、アメリカでは、例えば、買収者による公開買付の条件、買付価額の適当不適当、対象会社の経営者がとりうる多様な対抗措置の内容、対抗措置を実施した場合に対象会社が被るデメリット、対抗措置の実行可能性、対抗措置の効果、対抗措置の合法性、対象会社が証券を発行する場合の条件等、実に様々な事項について、(通常対象会社側の)専門家により鑑定・分析評価等が行われており、司法審査の際に裁判所により検討されている。この点につき、例えば、Unocal Corp. v. Mesa Petroleum Co., supra note 15 (Ch.1), at 950-951 を参照。また、この点に関連して、わが国では、例えば、釈明処分の特例に関する民事保全法第九条の解釈を通して、仮処分の発令段階で、鑑定人への尋問等もあるいは行うことができるかもしれない。この点につき、中島弘雅「企業買収をめぐる裁判制度の問題点――特に新株発行差止仮処分が認容されにくい理由について――」商事法務一二六一号二、七頁、及び、原井龍一郎=河合伸一編『実務民事保全法』(商事法務研究会、一九九一年)一一九頁以下を参照。

(14) また、この点に関連して、第三章第二節注2で指摘したように、アメリカのデラウエア州では、さらに、主として会社・商事関係の事件等を管轄するための衡平法裁判所が設置されており、通常、会社法及び商事法の専門家が裁判官に就任している。また、わが国でも、商事事件を取り扱う専門部として、東京地方裁判所の民事第八部がある。

(15) この点に関連して、森(前掲第一章注21)六三四頁、洲崎(前掲第二章第二節注11)二〇五頁を参照。

(16) この点に関連して、アメリカでは、第三章第五節注5で指摘したように、今日、対抗措置の妥当性・合理性につき木目の細かな司法審査が試みられており、かかる危険はあまりないように思われる。

第三節　機関権限の分配秩序説

この見解は、対象会社の経営者が対抗措置を行うにつき直面する利益衝突の虞について批判するものである。[1]また、この見解は、さらに、対象会社の経営者が敵対的企業買収に対し対抗措置をとることができるとする、その権限についても批判を行う。すなわち、この見解の論者によれば、ドイツにおけるMestmäckerの有力学説[2]を基礎に、「株主は、株式自由譲渡性が認められる限り株式を売却することにより、かつて彼らが選任した（対象会社の）現経営陣を見限り、他の者（買収者）に会社の支配を委ねることができる。これに対し、（対象会社の）取締役は、株主の選任に基づいて行使することのできる彼らの権限（新株発行権限等）を、株主のかかる意思決定を助けるためなら格別、その意思決定と無関係に支配の所在を決定するために用いることは許されない」とし、[3]「（対象）会社の支配は株主の意思決定に基づいて決せられるべきものであり、株主の意思決定とは無関係に、会社支配の移転を阻止するべくその権限を行使する（新株発行等を行う）ことは許されない」と指摘する。[4]そして、かかる株主と取締役との権限分配の観点から、会社の支配をめぐる争いのある局面で、取締役は対抗措置をなすことが許されず、これに違反すると取締役は忠実義務違反（新株発行の場合には、いわゆる不公正発行）に問われることになるとする。そして、その結果、たとえ「会社経営が行き詰まるようなことになったとしても、やむを得ないと解するのを原則とすべきであろう」と指摘されている。[5]

そこで、以下では、この見解について、特に、新株発行（第三者割当増資）の局面における株主と取締役との権限の関係に焦点を合わせながら、検討してゆくことにしたい。

まず、対象会社の経営者が対抗措置を行うにつき直面する利益衝突の虞について検討すると、この点に関して、対抗措置の中には、対象会社の経営者が、自己の利益の追求を目的として行う場合と、対象会社の利益のために行う場合とがあると考えられる。そして、本章の第一節で指摘したように、外国法の基本的立場では、経営者が自己の利益の追求を目的として対抗措置を行う場合には、裁判所による客観的な司法審査を通じて、それは法的に否定されることになる。そのため、機関権限の分配秩序説の論者は、対象会社の経営者が対抗措置を行うにつき直面する利益衝突の虞について批判しているが、かかる客観的な司法審査を経ることにより、その問題は基本的に解消するように思われる(6)。

それでは、対象会社の経営者が敵対的企業買収に対し対抗措置をとることができるとする、その権限については、どうであろうか。そこで、次に、この点について、検討することにしたい。

まず、第二章の第一節で指摘したように、わが国の現行商法では、いわゆる授権資本の制度が採用されている。そして、株主の新株引受権についても、定款に株式譲渡制限の定めがある会社を除き、株主は法律上当然には新株引受権を有してはいない。ここに、授権資本制度とは、すでに同じ箇所で指摘したように、会社の資金調達の機動性を確保するために、株主総会が本来有している資本増加権限を制約し、取締役会に、定款所定のいわゆる授権資本額までは、株主総会の定款変更の決議を経ることなく、自由に資本を増加する権限を認める制度のことである(7)。そこで、本来、新株の発行は、このように、資金調達を目的として行われることになる。しかしながら、資金調達とは別の目的を主たる理由として(例えば、他の会社との資本提携や従業員持株制度の推進等)、第三者に対して新株が発行されることもある。そして、かかる新株の発行も、現行商法上、その目的が企業経営上合理的な場合であれば(そして、発行価額が公正なときには)、取締役がかかる目的のために新株発行権限を行使することは許されると解されている。[8] そこで、たとえ第三者割当増資により株主の支配関係上の地位に変動が生じたとしても、当然には、いわゆる不公正発行とはならず、授権資本制度は、かかる権限も取締役に委譲することを予定しているとされている。[9] すなわち、授権資本制度とは、このように、株主が会社企業の実質的所有者として有する、会社の基本組織の変更権限の一つである新株発行権限を、企業経営の必要性に基づき、発行予定株式数の制限を付して取締役会に委譲したものであり、新株の発行により会社の支配関係が影響を受けることを、同制度は予想しているとされるのである。[10] そして、機関権限の分配秩序説の論者もこのことを承認している。[11]

しかしながら、この点に関連して、機関権限の分配秩序説の論者は、株主間に支配関係上の争いがある場合には別であるとして、この場合には、取締役はかかる争いに介入してはならないと解することにより、授権資本制度は、株主間の支配をめぐる争いに介入する権限まで取締役に与えたものとみることはできないとする。[12] そして、このようにして、冒頭で指摘したように、取締役の対抗措置を否定するのである。すなわち、言い換えるならば、会社支配の移転・変動を意図的に阻止する目的でなされる、対抗措置は、授権資本制度により取締役が新株発行権限を行使することを許される、企業経営上合理的な場合には含まれないと解するのである。しかしながら、果たして、こうした解釈は、適切といえるのであろうか。

そこで、この点について検討すると、確かに、かかる解釈は、株主は会社企業の実質的所有者であり、それゆえ、会社を支配しうるとする伝統的な会社法理論に、ストレートに適合した考え方であるといえる。すなわち、伝統的な会社法理論では、株主は、議決権に代表される共益権と利益配当請求権及び残余財産分配請求権に代表される自益権とを有しているが、それらは、それぞれ、いわば所有権の支配権能と収益権能に対応すると説明されているのである[13]。また、こうした解釈は、会社法の予定している所有による経営のコントロール機能が形骸化し、株主総会の監視機能が無機能化している現状を顧ると[14]、敵対的企業買収による経営のコントロールにも結び付き、その点でも理解しうるところといえる[15]。

しかしながら、このような解釈は、同時に、今日の大規模化した公開会社の広汎な経営活動を前提にした場合、必ずしも合理的とはいえず、具体的妥当性を欠く面も有するのではないかと思われる。すなわち、機関権限の分配秩序説の論者の説くように、会社支配の所在を株主の意思決定に委ねるべきであるとしても、まず、株主の多くは目先の高い株式買付価額につられて株式を買収者に売却するだけであり、その方が必ずしも会社の利益になると考えたためではないと思われる[16]。そして、敵対的な企業買収が、経営者の無能により業績が悪化し、株価の低迷を来している会社のみを対象に行われるのであれば、外部からの会社支配の変動により、場合により、かかる無能な経営者を排除し、より効率的な会社経営をもたらすことにもつながり、その弊害は少ないといえるかもしれないが、そのような会社に限定して敵対的企業買収が行われる保証はないといえる[17]。そして、この点に関連して、わが国では、一般的に、会社の経営効率性を改良・促進させるような敵対的企業買収はすすめられるべきであるが、優良・健全に経営されている会社から活力を奪うような敵対的企業買収は規制されるべきであるとするのが、望ましいものと考えられている[18]。そこで、そうであるとすれば、優れた経営の会社が敵対的企業買収で活力を失うことにより、株主をはじめとする、債権者、取引先、従業員、地域社会一般等のその会社に関わる多くの利害関係者に不利益を生じさせても、それでよいといえるのであろうか[19]。そして、このことは、特に、従業員に関し、近年大きく変化しつつあるとはいえ、終身雇用や年功賃金等の雇用慣行の発達してきたわが国の社会では、重要な意義を有するものと思われる[20]。この点に関して、確かに、取引先、従業員、地域社会一般等の利害は、伝統的には、会社法の直接的保護法益からは外れるため、これらの利益を一切捨象してしまってもよいとする考え方もありえよう。しかしながら、これらの利益が、究極的には会社、株主等の会社法上の直接的保護法益の利益に還元される場合もありうるといえ、特に、アメリカ法では、対象会社の経営者に、株主にも何らかの合理的に関連のある利益が生じる場合に、株主以外のかかる利害関係者への影響を考慮して、対抗措置をとることを認めており[21]、これらの利益を社会の実態を反映させできる限り斟酌しているのである。また、さらに、わが国では、敵対的企業買収をめぐる法制度に関して、その不備を指摘する意見も多く見られている[22]。

そこで、これらの検討から、もし、外国法の基本的立場を基に、機関権限の分配秩序説と異なり、対抗措置も、授権資本制度により取締役が新株発行権限を行使することを許される、企業経営上合理的な場合に含まれると解するならば、その場合、経営合理性及び具体的妥当性を有する結論を導くことができるようになると思われる。しかしながら、果たして、その場合に、かかる解釈は、株主は会社企業の実質的所有者であり、それゆえ、会社を支配しうるとする伝統的な会社法理論に、適合することになるのであろうか。

そこで、以上の検討から、対象会社の経営者が敵対的企業買収に対し対抗措置をとることができるとする、その権限については、さらに、この点について、理論的な検討が必要になると思われる[23]。

（1）この点につき、第二章第三節注9の箇所、及び、そこで示された文献を参照。

（2）この点につき、第四章第一節注10を参照。また、この学説の主張は、会社の理事者は、買収の結果、たとえ会社が解体されることが予想されるとしても、株主間の支配争奪に介入してはならず（中立義務）、どの株主が会社支配を獲得すれば会社にとって有益であるかにつき、理事者は決定する権限を有しないとし（機関権限の分配秩序）、それゆえ、認可資本による増資権限を買収回避の目的に利用してはならないという趣旨のものである。なお、かかる Mestmäcker の学説に賛同するものとして、ドイツの学説上、Lutter, in Kölner Kommentar, § 186 Rnr. 54, 71; Schilling, in Großkommentar, § 255 Anm. 2, § 204 Anm. 2; Klette, Der Emissionkurs beim genehmigten Kapital, Betriebsberater 1968, S. 977, 980; Hirte, Bezugsrechtsausschluß und Konzernbildung, 1986, S. 43ff. 等がある。また、わが国の学説上、かかる Mestmäcker による機関権限の分配秩序の主張を支持するものとして、第一章注10の文献の他に、例えば、洲崎（前掲第二章第二節注11）の文献、森本滋「新株の発行と株主の地位」法学論叢一〇四巻二号一頁、志村治美「支配権争奪と新株発行」本間輝雄・山口幸五郎先生還暦記念『企業法判例の展開』（法律文化社、一九八八年）二四八頁等がある。

(3)　川浜（前掲第一章注7）民商法雑誌九五巻二号二七頁参照。

(4)　川浜（前掲第一章注7）民商法雑誌九五巻四号九頁参照。

(5)　洲崎（前掲第二章第二節注11）二〇五頁参照。

(6)　この点につき、第二章第三節注9の文献を参照。また、川浜（前掲第一章注7）民商法雑誌九五巻二号二六頁も参照。

(7)　この点につき、例えば、第七回国会衆議院法務委員会議録（前掲第二章第五節注12）二頁、森本（前掲注2）五頁、及び、大森（前掲第二章第五節注12）四四、五七頁を参照。

(8)　この点につき、例えば、森本（前掲注2）一六、一八頁を参照

(9)　この点につき、例えば、森本（前掲注2）一六頁を参照。

(10)　この点につき、例えば、森本（前掲注2）一六頁を参照。

(11)　森本（前掲注2）一六頁参照。

(12)　森本（前掲注2）一六―一七頁参照。

(13)　この点につき、例えば、大隅健一郎『会社法の諸問題（増補版）』（有信堂、一九六二年）一一二頁を参照。また、大隅健一郎=今井宏『会社法論上巻（第三版）』（有斐閣、一九九一年）四三頁、鈴木・竹内（前掲第二章第一節注1）九五―九七頁等もあわせて参照。

(14) この点に関連して、志谷匡史「株式買占めの検討」商大論集四〇巻一号九一、九二頁参照。また、前田重行「株主の企業支配と監督」竹内昭夫=龍田節編『現代企業法講座3・企業運営』(東京大学出版会、一九八五年)二三四―二三五頁も参照。さらに、森(前掲第一章注21)「敵対的企業買収の法的規制と会社支配理論」六三三頁もあわせて参照。

(15) この点に関連して、かかる株主総会の監視機能の無機能化の現状に対し、外国法の基本的立場は、株主総会の監視機能に加え、司法による経営者の監視機能も重視しているといえる。

(16) この点に関連して、森(前掲第一章注21)「敵対的企業買収の法的規制と会社支配理論」六三三頁参照。また、宍戸(前掲第三章第五節注12)二二九―二三〇頁も参照。

(17) この点に関連して、森(前掲第一章注21)「敵対的企業買収の法的規制と会社支配理論」六三三頁参照。

(18) この点に関連して、例えば、通商産業省編(前掲第一章注1)一五―一六、二九頁参照。

(19) この点に関連して、森(前掲第一章注21)「敵対的企業買収の法的規制と会社支配理論」六三三頁参照。

(20) この点に関し、例えば、吉原(前掲第一章注5)の文献を参照。また、この点に関連して、従来より、従業員等は、たとえ不利益を受ける虞があるとしても、契約により自衛することができるはずであるとの考え方がみられる。しかしながら、近年の研究では、従業員は、その人的資本を分散投資することができず、労働市場が十分に流動的でない限り、従業員が、相当の費用と時間を犠牲にすることなく、企業から退出することは困難であり、企業に対する依存度は、株主よりも、むしろ従業員の方が大きいとする趣旨の指摘がなされている。この点につき、例えば、伊丹敬之『人本主義企業』(筑摩書房、一九八七年)七一―七二頁、同「株式会社と従業員「主権」」経済法学会年報一二号一〇九、一一九頁を参照。また、コーポレート・ガバナンスの中で、従業員等の役割・意義について、経済学的研究を踏まえながら詳細に検討を行う、例えば、近時のMargaret M. Blair, Ownership And Control: Rethinking Corporate Governance for the Twenty-first Century (1995) の文献では、株主だけが企業に対するいわゆる残余リスク (residual risk: 一般的に、企業活動から生じた果実から、種々のコストを差し引いて残った、最終的な利益ないし損失に対するリスク)を負担するのではなく、従業員等も、企業に投入し、その結果として、危険を負担しながら、企業に高度に特殊化された人的資本の形で投資をなしており、そこで、不可避的に、企業に対する残余リスクを分担していると指摘している。この点につき、id., at 235-274 を参照。なお、以上に関連して、伊藤秀史「現代の経済学における株主利益最大化の原則」（一九九九年度日本私法学会商法部会シンポジウム資料「会社法学への問いかけ」所収）商事法務一五三五号五頁も参照。

（21）　本書の第三章第二節注12、及び、第三章第五節注11を参照。また、第三章第五節注15もあわせて参照。

（22）　この点に関連して、例えば、通商産業省編（前掲第一章注1）一〇四―一〇六頁参照。また、河本一郎発言「(座談会・1) 第三者割当増資をめぐる諸問題」『第三者割当増資・企業金融と商法改正2』（有斐閣、一九九一年）四五頁も参照。また、森（前掲第一章注21）「敵対的企業買収の法的規制と会社支配理論」六四七頁以下も参照。

（23）　この点に関連して、松井（前掲第一章注13）の文献では、かかる理論的な検討があまり厳密に行われていないように思われる。まず、松井（前掲第一章注13）の文献では、授権資本制度と新株発行権限の所在に関する歴史的沿革を詳細に検討した上で、授権資本制度が、新株発行権限の所在、範囲の問題とは、本来関係がないと指摘している。そして、機関権限の分配秩序説が、取締役の新株発行権限を授権資本制度に直結させて理解しているとして、この点をまず批判している（以上の点につき、法学協会雑誌一一四巻四号五八―一〇五頁、そして、特に、一〇三―一〇五頁を参照）。そして、その上で、取締役の新株発行権限は、構造上広い裁量が認められていると考えた上で、支配権に影響を与える目的で新株発行権限を行使することが許されるか否かにつき、検討を行っている。そして、かかる検討において、松井（前掲第一章注13）の文献は、以下のように述べている。すなわち、「結局この問題は、取締役は誰の利益を念頭に置いて経営権限を行使すべきか、もしくはすることが許されるかという問題に帰着する。もちろん、取締役は「会社の利益」を念頭に置いて経営権限を行使すべきだということになろうが、「会社の利益」とは具体的に何を意味するか、敷衍すればいかなる会社関係者のどのような利益に帰着するのかを明らかにしなければならない。……（中略）……そこで、以上の前提に立って、わが国においてもアメリカと似たような考え方をとる余地があり、取締役は株主の利益のみならず、その他の会社関係者(従業員をはじめとして、債権者、消費者、地域社会等)の利益をも考慮することが許されるものと考えたい。つまり株主の他、総会社関係者の集合的利益を「会社の利益」として考えるのである。そして、以上のような考慮を可能にするような解釈論を検討する。……（中略）……むしろ、以上のような実質的考慮を行う限り、支配権に影響を与える目的での新株発行を、正面から認めるべきであろう。そのような可能性を認めた上で、いかなる限界が設定されるべきかを考えていくことが、おそらく会社をめぐる現実の環境と合致するものと思われる。従って、以下では支配権に影響を与える目的での新株発行が許容されるということを前提に、その限界がどのように設定されるべきかを検討してゆくことにする。……（中略）……その結果対抗策を講じることも認められるということになろう」と述べられている（以上の点につき、法学協会雑誌一一四巻六号一三二一―一三三三頁を参照）。そこで、こうした松井（前掲第一章注13）の文献における指摘（解釈論）について検討すると、仮に、論者の主張するように、授権資本制度が、新株発行権限の所在、範囲の問題とは、本来関係がないものであるとしても、支配権に影響を与える目的で新株発行権限を行使することが許されるか否か（従って、経営者が対抗措置をとることができるか否か）について検討を行う場合には、上述のような内容の検討だけでは足りず、そうした指摘（解釈論）が、株主は会社企業の実質的所有者であり、それゆえ、会社を支配しうるとする伝統的な会社法理論に、適合するものであるのか否かについての厳密な理論的検討が、さらに必要であると思われる。

第四節　小　括

このように、以上では、わが国において、対抗措置として認定さるべき第三者割当増資の公正性の判断にあたり、その行為を適切に法的評価しうる法基準を確立してゆくために、外国法の基本的立場を基に、かかる法基準を解釈論的に確立してゆくことができないか否かを検討すべく、この立場に対して考えうる批判論について検討してきた。

そして、まず、そこでは、経営判断原則説からの批判について、会社支配をめぐる争いのある局面では、対象会社の経営者が、会社の利益よりも主に自己の利益を追求する目的で対抗措置を行う危険が常に伴い、また、ひとえに対抗措置といっても、その状況、程度、内容は事案によって異なることから、経営判断原則の適用にあたっては、常に裁判所による対抗措置の妥当性・合理性の司法審査が必要であり、そして、その際には、対象会社の経営者の側に立証上の負担を課すことが合理的であることも明らかとされた。また、裁判所のそのような審査能力については、裁判所は、単に経営者の誠実性だけではなく、取締役会の対抗措置の決定に至るまでのプロセス・経緯の内容を客観的に検討し、その検討結果の集積を主な基礎として、さらに、取締役会の決定それ自体の内容の合理性も検討することにより、対抗措置の妥当性・合理性につき、実質的に判断をなしうることが示された。そして、その際に、かかるプロセス・経緯の内容の客観的検討については、例えば、裁判所による専門家の鑑定・分析評価等の分析がある程度有効に機能することが示され、また、決定それ自体の内容の合理性については、経営者の決定が、すべてを考慮した際に、その当時の状況に照らし、通常の経営者の立場からみて、それなりの合理性の範囲内のものか否か（ないしは、明らかに不合理なものでないか否か）を判定することにより、検討が可能であることも示された。そして、これらの点から、対抗措置の問題は高度の経営判断に関わる問題であるにもかかわらず、裁判所は、その妥当性・合理性に関し、司法審査を行う能力を基本的に有していることが明らかとされた。そこで、経営判断原則説からの批判については、外国法の基本的立場は、妥当性を有するものと思われる。

また、次に、機関権限の分配秩序説からの批判については、対象会社の経営者が自己利益の追求を目的として対抗措置を行う場合には、裁判所による客観的な司法審査を通じて、それは法的に否定されることになり、そのため、対象会社の経営者が対抗措置を行う際に直面する利益衝突の虞については、かかる客観的な司法審査を経ることにより、その問題は基本的に解消することが明らかとされた。また、対象会社の経営者が敵対的企業買収に対し対抗措置をとることができるとする、その権限については、もし、対抗措置も、授権資本制度により経営者が新株発行権限を行使することを許される、企業経営上合理的な場合に含まれると解するならば、確かに、経営合理性及び具体的妥当性を有する結論を導くことが可能になるが、その場合に、果たして、かかる解釈が、株主は会社企業の実質的所有者であり、それゆえ、会社を支配しうるとする伝統的な会社法理論に、適合するものであるのか否かにつき、その理論的な検討がさらに必要であることも明らかとされた。

そこで、機関権限の分配秩序説からの批判については、外国法の基本的立場が妥当性を有するものであるのか否かについて、さらに、この点の検討が必要であると思われる。

そこで、これらの検討から、もし、外国法の基本的立場が、株主は会社企業の実質的所有者であり、それゆえ、会社を支配しうるとする伝統的な会社法理論に、適合するものであることが論証されれば、その場合に、かかる立場を基に、わが国における解釈論を展開することが、はじめて可能になるものと思われる。

そして、この点に関連して、もし、外国法の基本的立場を基に、こうした解釈論を展開することが可能になれば、その場合に、裁判所は、対抗措置の妥当性ないし合理性の司法審査を通して、敵対的企業買収における会社支配の変動局面に適切に介入することにより、以上の検討から示された、経営判断原則説や機関権限の分配秩序説の主張に伴う様々な問題点を、一応克服することが可能になるように思われる。すなわち、まず、経営判断原則説の主張するように、経営者こそ会社支配の変動の是非を判断しうるとなし、対抗措置を客観的な司法審査も経ることなく、そのまま容認した場合に、仮に、その対抗措置が主として自己の利益を追求する目的でなされたとしても[1]、それに対する有効な歯止めを欠くことになり、経営合理性及び具体的妥当性を欠く結論となりかねない。また、次に、機関権限の分配秩序説の主張するように、株主のみが会社支配の変動の是非を判断しうるとなし、対象会社の経営者による対抗措置を否定した場合に、この説の論者も認めるように[2]、仮に、優れた経営の会社が敵対的企業買収で活力を失い、株主をはじめとするその会社に関わる多くの利害関係者に不利益を生じさせたとしても、それはやむを得ないと解さざるを得ず、今日の大規模化した公開会社の広汎な経営活動を前提にした場合、はなはだ経営合理性及び具体的妥当性を欠く結論となってしまう。そこで、かかる点について、もし、外国法の基本的立場のように、裁判所が敵対的企業買収における会社支配の変動の局面に適切に介入すべきであるとなすことができれば、これらの弊害を除去することが、一応可能になるように思われる。すなわち、アメリカ法にみられるように[3]、司法＝裁判所が、買収者への対象会社に対する支配の移転・変動の可否を究極的な意味でふるい分ける役割を演じ、買収者の支配の取得に関するスクリーニングの役割を担うことにより、敵対的企業買収に伴う複雑な利害関係を合理的に調整することが実現しうるように思われる[4]。

そこで、以下の第六章においては、かかる外国法の基本的立場が、果たして、株主は会社企業の実質的所有者であり、それゆえ、会社を支配しうるとする伝統的な会社法理論に、適合するものであるのか否かについて、検討を進めてゆくことにしたい。そして、この点に関連して、特に、アメリカ法では、対象会社の経営者に、株主にも何らかの合理的に関連のある利益が生じる場合に、株主以外の会社利害関係者＝ステイクホールダーへの影響を考慮して、対抗措置をとることを認めており[5]、伝統的に会社法の直接的保護法益から外れるとされてきたこれらの利益を、社会の実態を反映させできる限り斟酌していることから、まず、かかる点から検討を始めてゆくことにしたい。

(1) この点に関連して、これまでも度々指摘してきたように、そうした虞は非常に高いといえる。
(2) この点につき、本章第三節注5の箇所、及び、そこで示された文献を参照。
(3) この点につき、第三章第五節を参照。また、Ronald J. Gilson & Bernard S. Black, supra note 8 (Ch.2 § 4), at 823 も参照。
(4) そこで、このような点から、著者は、かつて、かかる外国法の基本的立場を基に、わが国の現行商法の枠組の中で、具体的な形で解釈論を構想したことがある。そこで、その内容を紹介すると、それは、以下のような内容であった。すなわち、「まず、すでに第二章で述べたように、現行商法上、第三者割当増資の公正性の問題は、わが国では、商法第二八〇条ノ一〇にいわゆる不公正発行に関する規定の中で処理されている。そこで、対抗措置として認定さるべき第三者割当増資の公正性の問題も、こうした不公正発行に関する規定の解釈の問題になると考えられる。そこで、まず、敵対的企業買収が行われ、会社支配をめぐる争いが存する状況で、対象会社の取締役会が新株発行（第三者割当増資）を決議した場合、その第三者割当増資が対抗措置（すなわち、会社支配の移転・変動を意図的に阻止する目的でなされる行為＝新株発行の場合には、会社支配の移転・

変動を意図的に阻止するために、買収者の持株比率を低下させること）としてなされるものと認定される場合には、(ア)もし、当該第三者割当増資が、対象会社の経営者の自己利益の追求を唯一または主要な目的としてなされると評価されるときには、当該第三者割当増資は、いわゆる不公正発行に該当すると考えられる。しかしながら、同じ状況下で、(イ)もし、その第三者割当増資が、かかる自己利益の追求を唯一または主要な目的としてなされるものと評価されないとき（それゆえ、一応、対象会社の利益のためになされるものと評価されるとき）には、当該第三者割当増資がいわゆる不公正発行に該当するか否かをめぐり、その対抗措置としての妥当性・合理性が裁判所により審査され、その結果に従って、不公正発行となるか否かが定められると考えるのである。そこで、機関権限の分配秩序説のように対抗措置を否定する学説によれば、対抗措置と認定されれば、即不公正発行とされるのに対して、この立場では、即不公正発行とはならず、その結果は、対抗措置の妥当性・合理性の司法審査に委ねられることになる。そして、この点に関連して、わが国においては、係争の新株発行（第三者割当増資）が、著しく不公正な方法によるものであること、及び、それにより株主（買収者）が不利益を受ける虞があることについては、新株発行の差止を請求する株主の側が証明する責任を負うとされ、仮処分の場合にも申立人（買収者）が被保全権利と保全の必要とを疎明することとなり、その責任については証明責任に準ずるものとされている（この点につき、例えば、近藤弘二担当『新版注釈会社法　(7)新株の発行』（有斐閣、一九八七年）二九五頁を参照）。そこで、一般的に、新株発行（第三者割当増資）が不公正であるとして差止を求めるには、株主（買収者）の側が、その主たる目的が対抗措置であることを立証する責任を負うと考えられる。しかしながら、かかる状況では、対象会社の経営者に利益衝突の虞があり、また、会社内部の情報は通常対象会社側が有し、買収者にはそれらへの接近が困難である他、さらに、わが国には、アメリカにみられる程の、いわゆるディスカバリーの制度がないこと（この点につき、本章第二節注6を参照）等から、実際の訴訟追行にあたっては、以下のように解すべきではないかと思われる。すなわち、株主（買収者）の側が、第二章第五節で指摘したような諸要素＝事実（その該当箇所を参照）の存在を主張・立証し、かかる間接事実を積み重ねたならば、対象会社の経営者の対抗措置目的が事実上推定されるとする（この点に関連して、かかる点では、洲崎（前掲第一章注7）民商法雑誌九四巻六号二三頁、川浜（前掲第一章注7）民商法雑誌九五巻四号一四頁、森本（前掲本章第三節注2）一七頁も、この立場とほぼ同旨であると思われる。また、新谷（前掲本章第二節注3）「第三者割当ての新株発行と株式買占者による新株発行差止仮処分申請の却下」四六頁、同「新株発行差止の要件と仮処分の効力」二六頁も参照）。そして、対象会社の側は、かかる推定を覆すためには、その対抗措置の達成が会社にとり必要であり、そして、相当なものであることを、反証として立証しなければならないとするのである（この点に関連して、対象会社の側は、あるいは、その反証として、なお当該第三者割当増資が、例えば、資金調達の目的、資本提携の目的、業務提携の目的、従業員持株制度の推進の目的等、対抗措置以外の目的のためになされるものと主張するかもしれない。そして、実際に、対象会社の側が、そのような目的のために第三者割当増資をしている場合も、場合により、あるかもしれない。それゆえ、かかる主張を、対象会社の側が、反証としてなお主張することは、何の差し支えもないと思われる（この点につき、洲崎（前掲第一章注7）民商法雑誌九四巻六号二三頁、川浜（前掲第一章注7）民商法雑誌九五巻四号一四頁も参照。また、新谷（前掲本章第二節注3）「第三者割当ての新株発行と株式買占者による新株発行差止仮処分申請の却下」四六頁、同「新株発行差止の要件と仮処分の効力」二六頁もあわせて参照）。しかしながら、森本（前掲本章第三節注2）一八頁の注⑥が適切に指摘しているように、かかる状況においては、例えば、対象会社の経営者が、事前に反対派株主（買収者）に新株引受の意向を打診したところ否定されたといった例外的な場合を除き、かかる事実上の推定を覆すことは、かなり困難であると思われる。そこで、この立場のように、対象会社の経営者は、会社の利益のために対抗措置をとることができるということを前提にした場合、対象会社の側は、かかる推定を覆すためには、対抗措置の達成が会社にとり必要であり、そして、相当なものであることを、反証として立証せざるを得なくなると思われる）。そして、このようにして、かかる対象会社側の立証を通して、裁判所は、対抗措置としての妥当性・合理性につき司法審査を行うことになる。そして、かかる司法審査の内容としては、より具体的には、基本的に、アメリカ法におけるUNOCAL基準の内容に基礎を置き、対象会社の側は、㈠会社の経営方針・政策等に対し、買収者による株式所有のために、損害ないし不利益が及ぶ危険が存在すると信じ、かつ、その合理的な根拠を有していたこと、そして、㈡その対抗措置が、生じた危険（すなわち脅威）との関係で合理的であったこと、を立証しなければならないと解すべきであると思われる（そして、㈠の立証については、対象会社の経営者は、誠実であり、合理的な調査等を行うことが必要であり、また、㈡の立証については、経営者は、基本的な株主の利益及び株主以外の会社利害関係者への影響等を含む、敵対的企業買収の対象会社に対する影響を、総合的に分析することが必要であると思われる）。そして、例えば、いわゆる三井鉱山事件（前掲第二章第一節注６）の第一審判決では、傍論ではあるが、場合により対抗措置が許容されるとし、対抗措置の必要性及びその相当性等についても言及していることから（この点につき、本章第一節注１を参照）、かかる解釈も、わが国において、妥当する余地があるのではないかと思われる」とする内容であった。以上の構想の基本的な概要については、拙稿（前掲第一章注13）「米国における敵対的企業買収の対抗措置理論の展開（上・下）」国際商事法務二三巻一二号一三三三頁、二四巻一号三三頁の文献（特に、その注47及び97）を参照。また、すでに指摘したように、その後、松井（前掲第一章注13）の文献も、授権資本制度と新株発行権限の所在に関する歴史的沿革を詳細に検討しながら、解釈論的解決の可能性について、具体的な形で論じている。そして、こうした松井の文献も、本章第三節注23ですでに紹介・検討したように、基本的には、アメリカ法を参考にしながら、わが国においても、場合により対抗措置をとることが認められると指摘している。しかしながら、この点について、すでに度々断ってきたように、著者は、現在、このような外国法の基本的立場を基にした、解釈論的解決は、実際上の有用性という点では、確かに、妥当性を有していると思われるが、法理論上は、伝統的な会社法理論を前提とする限り、かかる解釈論を展開することには、理論的な限界があるものと捉えている。そこで、この点については、次章の第六章において、詳細に検討することにしたい。

（５）　この点につき、第三章第二節注12、及び、第三章第五節注11を参照。また、第三章第五節注15もあわせて参照。

第六章　解釈論の理論的限界

第一節　ステイクホールダーの利益の考慮

外国法の基本的立場（特に、アメリカ法）では、既述のように、対象会社の経営者に、株主にも何らかの合理的に関連のある利益が生じる場合に、株主以外の会社利害関係者＝ステイクホールダー（具体的には、債権者、顧客、取引先、従業員、地域社会一般等）への影響を考慮して、対抗措置をとることを認めている。そこで、こうした立場は、株主は会社企業の実質的所有者であるという会社法の伝統的理論に立ちながらも、なお社会の実態を反映させ、できる限り株主以外の会社利害関係者（以下、ステイクホールダーとする）の利益を斟酌してゆこうとする立場であると思われる。(1) しかしながら、果たして、かかる立場は、本当に、株主は会社企業の実質的所有者であり、それゆえ、会社を支配しうるとする会社法の伝統的理論に、適合するものといえるのであろうか。

そこで、この点について検討してゆくと、まず、このように、ステイクホールダーへの影響を考慮することにより、株主にも何らかの合理的に関連のある利益が生じなければならない（すなわち、結果的に、株主の利益に最後は還元されなければならない）[2]として、株主の利益をステイクホールダーの利益と結び付けて考えると、それでは、一体いかなる場合が、株主の利益に究極的に還元される場合といいうるのか、その判断基準が曖昧なものとならざるを得ないように思われる。確かに、ステイクホールダーへの影響を考慮することにより、例えば、会社の業績やイメージが向上し、結果として会社の利益増加につながり、それが高配当や高株価を通して、株主の利益に究極的に還元・分配される等の場合はありうるといえる。[3]しかしながら、そのような高配当や高株価が、実際に、ステイクホールダーへの影響を考慮した結果生み出されたものであるのか否かについては、その原因を明確に特定することは、非常に困難であると思われる。[4]

次に、この点に関連して、外国法の基本的立場では、このように、ステイクホールダーの利益を考慮することにより、対象会社の経営者は、買収者に対し対抗措置をとりうるとしているが、もし、株主は会社企業の実質的所有者であり、それゆえ、会社を支配しうるとする伝統的な会社法理論を前提とすると、買収者である株主の対象会社に対する支配は所有権に基礎を置くことになり、その場合、果たして、対象会社の経営者は、対抗措置により、かかる買収者=株主の所有権に基づく支配を制限しうるといえるのであろうか。そこで、この点について検討するに、わが国の現行憲法の下では、原則として所有権の制限は許されていないことから（憲法第二九条を参照）、かかる買収者=株主による支配も、法理論上は、原則として制限し得ないと解さざるを得なくなるのではないかと思われる。[5]

そこで、このように考えてくると、対象会社の経営者に、ステイクホールダーの利益を考慮して、対抗措置をとることを認める、外国法の基本的立場は、法理論上、伝統的な会社法理論に、論理的整合性をもって適合しているとは、いい難いと思われる。それでは、翻って、今度は、伝統的な会社法理論にストレートに適合する機関権限の分配秩序説のように、対象会社の経営者による対抗措置は、授権資本制度により経営者が新株発行権限を行使することを許される、企業経営上合理的な場合に含まれると解することはできず、いかなる場合にも、一切経営者は対抗措置をとることができないと解さざるを得なくなるのであろうか。以上のように考えてくると、少なくとも、法理論上は、伝統的な会社法理論を前提とする限り、機関権限の分配秩序説は適切であるといえ、このような解釈もやむを得ないように思われる。しかしながら、もし、そうであるとすると、すでに検討してきたように[6]、今日の大規模化した公開会社の広汎な経営活動を前提にした場合、はなはだ経営合理性及び具体的妥当性を欠く、非常に硬直的な結論とならざるを得ない。そこで、このように考えてくると、実は、むしろ、株主は会社企業の実質的所有者であり、それゆえ、会社を支配しうるとする伝統的な会社法理論（言い換えると、伝統的な会社支配の捉え方）にこそ、何か、現実適合性を欠くような、理論に内在する問題点があるのではないかという疑いが生じてくる。

そこで、以下では、この点について、さらに検討を進めてゆくことにしたい。

まず、この点に関連して、外国法の基本的立場（アメリカ法）では、例えば、買収者が、対象会社の発行済株式総数の過半数に当たる株式を取得したような状況の場合には[7]、対象会社の経営者は、もはや、かかる買収者に対し、対抗措置をなすことにより、会社の支配を奪うことができなくなるとする趣旨の解釈を行っている[8]。そこで、こうした解釈は、一応、株主は会社企業の実質的所有者であり、それゆえ、会社を支配しうるとする伝統的な会社法理論に、適合しているようにみえる。しかしながら、この点に関して、これを、経営合理性及び具体的妥当性という観点からみると、本来、たとえ、買収者が、このように、対象会社の発行済株式総数の過半数に当たる株式を取得したような場合であっても、なお対抗措置がとられる必要性がある場合もありうるはずである[9]。また、そもそも、株主は会社企業の実質的所有者であり、それゆえ、会社を支配しうるとする命題についても、例えば、よく一般株主が「支配なき所有」といわれることがあるように、法理論上はともかく、実際上は、株主の単独の議決権には支配権能がみられないことから、かかる命題は実態に合うものとはいえず、その意味では比喩的なものであり、個々の実際の株主をもって、会社企業の実質的所有者であるということには、困難な面があるといえる[10]。

そこで、このようにみてくると、伝統的な会社法理論は、会社支配を所有権と結び付けて捉えることにより、そのことから、かえって、柔軟性や現実適合性を欠くという問題点を有しているのではないかと思われる。

そこで、以上の検討から、まず、対象会社の経営者に、ステイクホールダーの利益を考慮して、対抗措置をとることを認める、外国法の基本的立場は、法理論上、伝統的な会社法理論に適合しているとは、いい難いと思われる。しかしながら、そのことから、より本質的な問題として、かかる伝統的な会社法理論には、むしろ、会社支配を所有権と結び付けて捉えることにより、柔軟性や現実適合性を欠くという、理論に内在する問題点を有しているのではないかと思われる。

そこで、次節では、この点に関連して、さらに考察を進めてゆくことにしたい。

(1) この点につき、第三章第五節注11を参照。また、第三章第二節注12、及び、第三章第五節注15もあわせて参照。また、この点に関連して、すでに指摘したように、ごく最近、わが国において、敵対的企業買収における対抗措置の場面を直接の対象としたものではないが、いわゆるコーポレート・ガバナンスをめぐる議論の中で、このように、株主にも利益が生じる場合に、社会の実態を反映させ、できる限り株主以外の会社利害関係者の利益を斟酌してゆこうとする趣旨の主張が展開されている。この点につき、第一章注8、及び、そこで示された文献を参照。また、この点に関連して、他にも、わが国において、これと類似する主張をなすものがみられる。例えば、近時の文献の中では、吉田直「会社法における「長期的利益」重視の傾向について」田中誠二先生追悼論文集『企業の社会的役割と商事法』（経済法令研究会、一九九五年）一三七頁は、株主の長期的利益は究極的には社会全体の利益と調和するという、アメリカにおける経営学の観念を参考に、会社・株主の長期的利益という概念を、わが国の会社法の中で展開すべきであるとし、また、川村正幸「コーポレート・ガバナンス論と会社法」田中誠二先生追悼論文集『企業の社会的役割と商事法』一一一頁は、経営陣がステイクホールダーの利益を考慮できるのは、企業は社会的存在として様々な利害関係者の利益を調整・調和させて活動すべきということにあるとし、また、中村一彦「企業の社会的責任に関する一般的規定」法政理論九巻一号七五頁、同『企業の社会的責任――法学的考察（改定増補版）』（同文舘、一九八〇年）、及び、それを支持する末永敏和「企業の社会的責任」森本滋＝前田雅弘＝川浜昇編『企業の健全性確保と経営機構』（有斐閣、一九九七年）一四〇頁は、企業の社会的責任の確保という観点から、取締役が社会的考慮をすべき場合を具体的に示し、取締役は、その職務を行うにつき、株主、債権者、従業員、消費者、地域住民の利益を考慮することを要すとすべきであるとし、また、さらに、落合誠一「会社法の目的」法学教室一九四号六頁は、いわゆる会社の社会的責任論は、それが国民経済と同様に社会全体の立場から会社を規制しようとする点において、会社法自体の問題とはいい難いとした上で、取締役による株主の利益以外の利益の考慮について、「たとえば取締役による従業員の賃金カットはしないとの決定であれば、それが従業員の志気を高め、会社の業績回復につながる可能性が相当にあるような場合、長期的には株主の利益であり、したがって株主の利益に合致するといった解釈」により、会社の利益は株主の利益であるとした上で、その株主の利益をできる限り柔軟に解釈して、極力妥当な結論を導くことが、あるいは、もっとも現実的であるかもしれないと論じている。また、これらの主張に関連して、落合誠一「企業法の目的――株主利益最大化原則の検討――」岩村正彦他編『岩波講座現代の法（第七巻）・企業と法』（岩波書店、一九九八年）三―三二頁、坂本延夫「自己株式の譲渡処分と新株発行規制――従業員利益の制度的確保についての問題提起――」田中誠二先生追悼論文集『企業の社会的役割と商事法』九五頁、宍戸（前掲第三章第五節注12）二二九―二二三四頁、鈴木・竹内（前掲第二章第一節注1）五頁、龍田節「企業の社会的責任と法規制」自由と正義四三巻一号一八頁、中原俊明「米法におけるCorporate Social Responsibilityの発展と現状（一・二）」民商法雑誌七六巻三号三八五頁、四号五八一頁、中村一彦「経営者の社会的責任——その法的考察——」民商法雑誌七二巻三号二二頁、同「企業の社会的責任と会社法——取締役の社会的責任を中心に」判例タイムズ八三九号一四九頁、同「取締役の社会的責任論の具体的適用——野村證券損失補塡事件を素材として——」田中誠二先生追悼論文集『企業の社会的役割と商事法』二五五頁、森田章『現代企業の社会的責任』（商事法務研究会、一九七八年）等の文献もあわせて参照。なお、以上の点に関連して、特に、わが国における近時のコーポレート・ガバナンスをめぐる議論について、例えば、太田誠一「コーポレート・ガバナンスに関する商法等改正試案骨子」商事法務一四七〇号四頁、江頭憲治郎「自民党の商法等改正試案骨子と監査役・監査役会」商事法務一四七〇号一七頁、北村雅史「コーポレート・ガバナンスに関する商法改正問題——監査役制度と取締役の責任について——」商事法務一四七七号二頁、黒沼悦郎・近藤光男・志谷匡史・正井章筰・行澤一人「コーポレート・ガバナンスに関する商法等改正試案骨子の検討」商事法務一四七七号一一頁、森淳二朗「コーポレート・ガバナンスと日本の企業システムの行方——自民党「商法等改正試案骨子」に寄せて」ジュリスト一一二二号五二頁、「《資料2》コーポレート・ガバナンスのあり方に関する緊急提言」商事法務一四六八号三〇頁、片田哲也「経団連コーポレート・ガバナンス特別委員会の活動と緊急提言の取りまとめ」商事法務一四七〇号一二頁等の文献を参照。また、ごく最近の文献としては、例えば、佐久間修「コーポレート・ガバナンスと刑事法」商事法務一五四二号二三頁、末永敏和「企業統治に関する商法等の改正案要綱について」商事法務一五二八号二一頁、同「コーポレート・ガバナンスと健全性確保」商事法務一五四二号一四頁、鈴木進一「企業統治に関する商法等改正案要綱と監査役」商事法務一五二八号一六頁、浜田道代「企業統治と監査役制度・代表訴訟・役員の責任軽減」商事法務一五二八号四頁等の文献を参照。また、さらに、わが国におけるコーポレート・ガバナンスをめぐる議論の一般的状況につき、例えば、日本私法学会商法部会シンポジウム資料「コーポレート・ガバナンス——大会社の役割とその運営・管理機構を考える」商事法務一三六四号二頁を参照。

（2）　この点につき、そこでは、不明確な点はあるものの、一般的に、このように、「結果として」株主の利益に最後は還元される必要があると考えられているようである。この点につき、第三章第二節注12、第三章第五節注11、及び、そこで示された該当する判例、州の制定法、文献等を参照。また、この点に関連して、本書では、すでに度々断ってきたように、外国法の基本的立場（特に、アメリカ法）の中でも、こうして、デラウエア州の状況（ＵＮＯＣＡＬ基準の立場）に特に焦点を合わせているが、ＡＬＩ（アメリカ法律協会）の「コーポレート・ガバナンスの原理：分析と勧告」では、第三章第五節注15ですでに指摘したように、その第六・〇二条(b)項の(2)号において、かかるデラウエア州の状況と類似して、「取締役会は、第六・〇二条(b)項(1)号のもとでの分析に加えて、会社が正当な関係を有する諸利益または諸グループ（株主を除く）に配慮することができる。ただし、そうすることが株主の長期的利益を著しく害する場合には、この限りではない」と規定している。そして、そこでも、不明確な点はあるものの、やはり、「結果として」株主の長期的利益を著しく害する場合に、かかる配慮をすることができないと考えられているようである。この点につき、第三章第五節注15、及び、そこで示された該当する文献を参照。

（3）　この点に関連して、敵対的企業買収における対抗措置の場面のみを対象としたものではないが、アメリカ法における州の制定法を主な素材として、かかる具体的な場合について検討を行うものとして、例えば、Steven M. H. Wallman, supra note 11 (Ch.3 § 5) の文献がある。また、この点に関連して、落合（前掲注1）「会社法の目的」の文献も参照。

（4）　そこで、この点に関連して、そのような場合、経営者に大きな裁量の幅を与えることになり、場合により、それが濫用につながりかねない等の批判がありうることになる。もっとも、この点に関連して、第三章第五節注12で指摘したように、株主をはじめとするかかる多くの会社利害関係者の利害を最もよく把握しているのは、通常、経営者であることから、敵対的企業買収における対抗措置の場面に限らず、こうした経営者による会社利害関係者間の利害調整の機能それ自体には、現実的にみて、合理的な面があるといえる。そこで、もしも、仮に、かかる外国法の基本的立場のように、対象会社の経営者に、ステイクホールダーへの影響を考慮して、対抗措置をとることを認めるとすれば、そうした濫用の虞を防止するために、その利害調整の判断基準について、これを法理論的に明確にしてゆくことが、さらに必要になるものと思われる。以上の点に関連して、John A. Anderson, supra note 11 (Ch.3 § 5), at 182-183; Eric W. Orts, supra note 11 (Ch.3 § 5), at 132-134; A. A. Sommer, supra note 11 (Ch.3 § 5), at 54-55、及び、末永（前掲注1）「企業の社会的責任」一六二頁等の文献を参照。また、この点に関連して、さらに、次節及び本書の第七章（特に、その注6）も参照。

（5） この点に関連して、森淳二朗「株式本質論――株式と株主のはざまで見失われたもの――」岩崎稜先生追悼論文集『昭和商法学史』（日本評論社、一九九六年）三〇九、三二五頁を参照。また、森（前掲第一章注14）「会社法理論の体系的修正――公正性とフレキシビリティーの会社法システムを求めて――」一三頁、同「会社法のモデル分析と株式会社支配の特質」六三八―六三九頁、同「株式会社の柔構造化――一本マスト型から三本マスト型の会社法へ――」八〇―八一頁もあわせて参照。また、この点に関連して、川浜（前掲第一章注7）民商法雑誌九五巻三号五三―五四頁、五八―六〇頁、四号九頁以下も、詳細な比較法的検討を踏まえた上で、取締役の選解任権が議決権を通して株主に委ねられている以上、法律的には、所有権と支配は分離されているとはいえず、そこで、取締役の権限の正統性は、株主の所有権に由来しているとして、対象会社の経営者は、ステイクホールダーの利益を考慮することにより、買収者=株主に対して対抗措置をとることはできないとしている。なお、この点に関連して、Victor Brudney, Fiduciary Ideology in Transaction Affecting Corporate Control, 65 Mich.L.Rev. 259 (1966) もあわせて参照。

（6） 本書の第五章第三節を参照。

（7） この点につき、第二章第二節注10、及び、第二章第四節注32で指摘したように、わが国における、いわゆる第一次宮入バルブ事件（第二章第一節注8）も、まさにそのような事例であった。

（8） この点につき、第三章第二節注14で紹介した、デラウエア州最高裁判所の判決である、Frantz Mfg. Co. v. EAC Indus., supra note 14 (Ch.2 § 4)を参照。

（9） もっとも、実際には、そのような場合、多くの場合には、対象会社の経営者により、買収者が対象会社の発行済株式総数の過半数に当たる株式を取得する前に、すでに対抗措置がとられていると思われる。しかしながら、理論的には、（また、実際上も、前述の、第一次宮入バルブ事件（第二章第一節注8）や Frantz Mfg. Co. v. EAC Indus., supra note 14 (Ch.2 § 4)が、そうであったように）、たとえ、買収者が対象会社の発行済株式総数の過半数に当たる株式を取得したような場合であっても、なお対抗措置がとられる必要性がある場合もありうるといえる。

（10）　この点につき、例えば、森（前掲注1）五四頁、同（前掲注5）三一五頁、同（前掲第一章注21）「完全子会社による親会社株式の取得」一八頁を参照。

第二節　対抗措置の認定と司法の役割

前節において、株主は会社企業の実質的所有者であり、それゆえ、会社を支配しうるとする伝統的な会社法理論には、その会社支配の捉え方において、むしろ、柔軟性や現実適合性を欠くような、理論に内在する問題点があるのではないか、ということが示された。そして、このことは、言い換えるならば、会社支配自体の内容が、法理論的に明らかにされる必要があるということを意味していると思われる。

そこで、この点に関連して、本来、対抗措置とは、会社支配をめぐる争いが存する場合に、会社支配の移転・変動を意図的に阻止する目的でなされる対象会社の経営者の行為のことであるが、このように、会社支配自体の内容が、まず法理論的に明らかにされなければならないとすると、対抗措置についても、ある行為が対抗措置であるか否かを裁判所が明確に判断するためには、その前提として、会社支配自体の内容が明らかにされている必要があると思われる。

そこで、この点に関連して、すでに第二章で検討したように[1]、外国法の基本的立場（アメリカ法）では、わが国におけるのと異なり、会社支配をめぐり敵対的争いのある局面での第三者割当増資の発行目的の認定につき、裁判所は、資金需要の有無の要素のみにとどまらず、かかる状況での新株発行を取り巻く多様な要素を取り込み、いわば複眼的・客観的にその公正性・妥当性の判断をなしており、その発行目的の多くを対抗措置としてなされるものと認定している。そして、かかる多様な要素としては、例えば、(ア)新株発行に付随する条件等に敵対的企業買収を妨害するようなものがあるか否か、(イ)新株発行を取り巻く一連の対象会社の経営者による行為の中に、敵対的企業買収を妨げるようなものがあるか否か、(ウ)新株発行の計画が長期間にわたり考慮されていたものか否か、(エ)新株発行を取り巻く市場の状況はどうか、(オ)新株発行について、その株式を取得することになる者がその議決権を行使するにあたり、対象会社ないしその経営者が、その行使につき影響力を及ぼす虞があるか否か、(カ)新株発行が実現された際に生ずる買収者の支配の希釈が、対象会社の経営者のいかなる態様ないし目的のもとで、行われようとしているのか等、が考慮されている。そして、これらの諸要素の存在＝間接事実の積み重ねを通して、裁判所は、対抗措置の目的としてなされるものと認定している。(2)

しかしながら、こうした外国法の基本的立場（アメリカ法）について、冒頭で指摘したことに関連して、もし、会社支配自体の内容が法理論的に明らかにされることなく、このように、間接事実の集積により（もちろん、そのこと自体は必要であるが）、会社支配の移転・変動に関わる事実的特徴のみに依拠して、対抗措置の目的が認定される場合、そこには、いかなる場合に対抗措置の目的であると認定されるのかにつき、裁判所に不分明な裁量の幅があることになり、場合により、それが恣意に流れる危険性もありうることになる。もっとも、この点に関連して、かかる外国法の基本的立場（アメリカ法）をわが国における状況と比較すると、すでに第二章で検討したように(3)、会社支配をめぐり敵対的争いのある局面での第三者割当増資の発行目的の認定について、わが国の裁判所は、本来対抗措置として認定さるべきかかる目的を、主に資金需要の有無の要素のみを考慮することにより、資金調達の目的でなされるものと認定していることから、こうした外国法の基本的立場（アメリカ法）は、わが国の裁判所の判断のあり方に比べれば、その裁量の幅は極めて狭く、それゆえ、それが恣意に流れる危険性も非常に少ないと思われる。そこで、かかる点から、逆に、わが国においては、会社支配自体の内容が、法理論的に明らかにされなければならないということが、特に、重要な意義をもつものと思われる。

そして、この点に関連して、もし、このように、会社支配自体の内容が法理論的に明らかにされることなく、その結果、いかなる場合に対抗措置の目的であると認定されるのかにつき、裁判所に不分明な裁量の幅があり、また、それに関連して、前節で検討したように、ステイクホールダーへの影響を考慮した対抗措置が、最終的に、裁判所により容認されるのか否かについても、曖昧な点があることになると、(4)このことは、買収者にとり、対象会社に対する支配の取得について、その取得を不安定にさせ、企業社会の中で重要な意味をもつ、支配の取得についての予測可能性を減少させることになり、結果として、敵対的企業買収に対するインセンティブを阻害することにもなりかねないと思われる。もっとも、かかるインセンティブの点について、特に、アメリカでは、わが国におけるのと異なり、敵対的企業買収の事例が極めて多く、また、従来より対抗措置の法理論が確立されていることから、このように、支配の取得の予測可能性を減少させ、その結果、敵対的企業買収に対するインセンティブを阻害するという虞は、ほぼないと思われる。しかしながら、わが国では、今日までに敵対的企業買収の事例が少なく、また、裁判所の判断のあり方についても、上述のように、その裁量の幅が極めて大きく、場合により、それが恣意に流れる危険性もありうることから、(5)仮に、外国法の基本的立場を基に、わが国における解釈論を展開しえたとしても、もし、わが国の裁判所における運用等が適切に行われないとすれば、敵対的企業買収に対するインセンティブを阻害する虞も、なお、ありうるように思われる。(6)

そこで、以上の検討から、会社支配自体の内容が、法理論的に明らかにされることが必要であり、(7)そして、このことは、特に、わが国において、重要な意義をもつものと思われる。

(1) 本書の第二章第四節の一を参照。

(2) 本書の第二章第四節の一を参照。

(3) 本書の第二章第二節、第四節、第五節を参照。

(4) この点につき、前節、及び、特に、その注4を参照。

(5) この点につき、本書の第二章第五節を参照。

(6) この点に関連して、第二章第五節注14ですでに紹介した、近年の最一小判平成六年七月一四日の事件が、参考になると思われる。本件は、会社（被告・控訴人・上告人）の代表取締役でもあり、同社の発行済株式総数の過半数を保有する株主（原告・被控訴人・被上告人）に対して、その株主が同社を解散する決議をしたり、または、同社の取締役を解任する決議をなすことを恐れた、その取締役が、これを阻止する目的をもって、専ら、その株主から同社に対する支配を奪取し、その取締役及びその側に立つ者が過半数の株式を保有するようにするために行った、不公正発行にあたる新株発行について、その効力が争われた事例である（もっとも、すでに同じ箇所で指摘したように、本件は、敵対的企業買収の事例ではなく、小規模閉鎖会社の事例であり、また、不公正発行等を理由に新株発行の無効が直接請求された事例である。また、本件では、発行された新株は、結局、すべて、その取締役により引き受けられ、現に保有されていた）。そして、本件では、すでに同じ箇所で指摘したように、かかる特別な事情が存するにもかかわらず、裁判所は、取引の安全という理由により、不公正発行にあたる当該新株発行の効力を有効である旨判示したことから、事案としては、とにかく新株発行の効力を維持すべきであると判断された事例であったと推測される。そこで、本件では、このように、結果として、会社の解散が回避されたことから、会社側からみれば、本件は、実質的に、会社の経営を維持・擁護した事例であると捉えることができるように思われる。しかしながら、逆に、株主の側から本件をみると、そこでは、株主がそれまで取得していた会社の支配を、上述のように、特別な事情のもとに剝奪されたにもかかわらず、裁判所は、取引の安全という非常に一般的・抽象的な理由により、その剝奪を容認したことから、本件は、株主の会社支配の取得について、その取得を不安定なものにさせ、支配の取得の予測可能性を減少させた事例であると捉えることができるように思われる。そこで、以上の点から、もし、敵対的企業買収の事例において、本件と類似する内容の判決が裁判所により下されるとすれば、わが国では、新株発行の差止の際の、発行目的の認定の問題に加え、そこでも、敵対的企業買収に対するインセンティブを阻害する虞が、ありうるように思われる。

(7) なお、以上の点に関連して、すでに第三章で検討したように、外国法の基本的立場（アメリカ法）では、対抗措置という特定の局面を設定し、それに対して柔軟で合理的な利害調整をなしているが、会社支配自体の内容が法理論的に明らかにされないならば、では、何故、対抗措置という特定の局面を設定することができるのか、という点についても、そもそも、法理論的には、その論拠が必ずしも明確でないことになる。

第三節　小　括

以上の検討から、外国法の基本的立場は、法理論上、株主は会社企業の実質的所有者であり、それゆえ、会社を支配しうるとする伝統的な会社法理論に、適合するものとはいい難いことが明らかとされた。そこで、わが国において、対抗措置として認定さるべき第三者割当増資の公正性の判断について、その行為を適切に法的評価しうる法基準を確立してゆくにあたり、かかる外国法の基本的立場を基に、その法基準を解釈論的に確立してゆくことは、伝統的な会社法理論を前提とする限り、法理論上は、困難であると思われる。そこで、前章において、機関権限の分配秩序説からの批判について問題とされていた、対象会社の経営者が敵対的企業買収に対し対抗措置をとることができるとする、その権限については、対抗措置を、授権資本制度により経営者が新株発行権限を行使することを許される、企業経営上合理的な場合に含まれると解することは、伝統的な会社法理論を前提とする限り、法理論上は、困難であると考えられる。[1]

しかしながら、このような結論について、それは、すでに検討してきたように、[2]今日の大規模化した公開会社の広汎な経営活動を前提にした場合、はなはだ経営合理性及び具体的妥当性を欠くものであるといわざるを得ない。そして、このように、硬直的な結論に至った原因として、それは、むしろ、株主は会社企業の実質的所有者であり、それゆえ、会社を支配しうるとする伝統的な会社法理論にこそ、会社支配を所有権と結び付けて捉えるという、その会社支配の捉え方において、柔軟性や現実適合性を欠くような、理論に内在する問題点が潜むことが、示された。また、そのことに関連して、会社支配自体の内容が、法理論的に明らかにされることが必要であり、そして、このことは、特に、わが国において、重要な意義をもつことも明らかとされた。

そこで、以上の検討から、もしも、会社支配を所有権と結び付けることなく、これと切り離して捉えることが法的に可能になれば、あるいは、こうした硬直的な結論を回避し、経営合理性及び具体的妥当性を確保した上で、法理論的にも、なお論理的整合性のある解決を導くことが、新たに可能になるように思われる。そして、この点に関連して、近年、わが国において、このように、会社支配を所有権と結び付けることなく、これと切り離して捉えようとする、新たな会社法理論が出現している(3)。そこで、かかる新しい会社法理論によれば、あるいは、わが国において、対抗措置として認定さるべき第三者割当増資の公正性の判断について、その行為を適切に法的評価しうる法基準を確立してゆくことが、新たに可能になるかもしれないと思われる。

そこで、最後に、以下の第七章では、こうした新しい会社法理論について紹介しながら、そのような可能性について、指摘してゆくことにしたい。

(1) この点につき、わが国において、従来より、敵対的企業買収における対抗措置の必要性について指摘されてきた、河合伸一弁護士（当時）も、近年の「新株発行差止めの仮処分」中野貞一郎・原井龍一郎・鈴木正裕編集『民事保全講座3—仮処分の諸類型』（法律文化社、一九九六年）二四二頁の文献の中で、「……第三者割当てによって株主構成ひいては支配関係へ取締役が影響を及ぼすことができることは、本来商法の予定しているところであって、たまたま支配関係上の争いがある場合にこれを全面的に否定するのは正しくないと考えるのである（ただし、これは資金調達の必要があることが前提であるから、いわゆる企業防衛のみを目的とするものは、現行法上は原則として許されないことになろう）」（同文献の二五六頁の注22を参照）と指摘してある。また、この点に関連して、河合伸一発言「(座談会・1) 第三者割当増資をめぐる諸問題」『第三者割当増資・

企業金融と商法改正2』（有斐閣、一九九一年）一頁以下、及び、同発言「（座談会・2）第三者割当増資をめぐるその後の動向——秀和・高橋産業事件および五パーセントルール制定の動きを受けて——」『第三者割当増資・企業金融と商法改正2』七五頁以下もあわせて参照。

（2） 本書の第五章第三節を参照。

（3） この点につき、森（前掲第一章注14）、同（前掲第一章注21）、同（前掲本章第一節注1）、同（前掲本章第一節注5）の各文献を参照。また、森淳二朗「監査役の構成原理とシステム」森本滋＝前田雅弘＝川浜昇編『企業の健全性確保と経営機構』（有斐閣、一九九七年）五三頁、同「監査役制度と会社支配理論——監査役の独立性確保への途——」蓮井良憲・今井宏両先生古稀記念論文集『企業監査とリスク管理の法構造』（法律文化社、一九九四年）二二九頁、同「株主総会の活性化と会社法理論——伝統的な活性化論に対する問題提起」判例タイムズ八三九号四一頁、同「株式評価と会社法理論」法政理論二四巻四号（中村一彦教授退職記念号）一八六頁、及び、同「会社支配の意思本位的理論からの脱却（1）資本多数決制度の再構成」商事法務一一九〇号五七頁、同「会社支配の意思本位的理論からの脱却（2）会社支配概念の再構成と社団法人性」商事法務一一九二号一九頁、同「会社支配の意思本位的理論からの脱却（3・完）会社支配取引の動態的論理構造」商事法務一一九三号二二頁等の文献も参照。

第七章　結　び

近年、わが国において、会社支配を所有権と結び付けることなく、これと切り離して捉えようとする、新たな会社法理論が出現している。(1)そこで、まず、かかる新しい会社法理論の概要について、紹介してゆくことにしたい。

この会社法理論は、まず、株式会社におけるいわゆる資本多数決制度の理解を、従来の理解より拡大するところから出発する。すなわち、株主は、各人が保有するその株式数に応じて、議決権を行使することにより、会社に対して影響力を及ぼし、会社意思を統一するが、従来より、資本多数決制度は、このような多数決の一方法としてのみ理解されてきた。(2)しかしながら、この点に関連して、企業社会の現実を直視すると、一般の株主は、会社から利益配当のみを得るのに対して、多数の株式を保有する株主は、こうした利益配当の他に、例えば、自らを経営者に選任して経営報酬を得たり、会社と取引（いわゆるコンツェルン取引）をして経済的利益を得ることが、その株式保有を基礎に確実に実現できることから、この会社法理論は、資本多数決制度を、株主間の経済的利益を調整する機能をも果たすものとして理解する。すなわち、この会社法理論によれば、多数の株式を保有する株主は、資本多数決制度が法定されていることにより、こうした追加的な経済的利益を実現しうる、優越的な地位を有することになるとする。そして、かかる優越的な地位は、単に議決権の行使を通して会社意思を統一できるという面だけではなく、株主総会決議以外の場における影響力の行使や、追加的な経済的利益を享受できるという面における優越性をも含むものとされる。そして、このように、資本多数決制度が法定され、かかる特典が認められるのは、それにより企業家精神を鼓舞し、会社経営を効率化させようとする立法政策より出たものであるとされる。そして、このような点から、この会社法理論は、かかる資本多数決制度による特別な制度的利益＝優越的な地位を、会社支配の本質と捉え、会社支配を、こうした資本多数決制度という法的制度の問題として把握する。また、この会社法理論は、株主が会社企業の実質的所有者であるといえるのは、企業社会の実際をみれば、総株主が会社財産の実質的所有者といえる限りのことにすぎないとする。そこで、以上の点から、この会社法理論によれば、会社支配は、所有権とは区別された、資本多数決制度という特別な法的制度の問題として、捉えられることになる(3)。

それでは、このように、会社支配を、所有権とは区別された、資本多数決制度という特別な法的制度の問題として捉える、かかる新しい会社法理論には、いかなる特徴がみられるのであろうか。そこで、ここでは、特に、本書の考察対象である敵対的企業買収の問題に限局して、その特徴について指摘してゆきたい。

まず、すでに検討したように(4)、会社支配を所有権と結び付けて捉える、伝統的な会社法理論のもとでは、わが国の現行憲法では、原則として所有権の制限は許されていないことから、敵対的企業買収における買収者＝株主による対象会社に対する支配もまた、法理論上は、原則として制限し得ないようになるのではないかと解されるのに対して、会社支配を、このように、資本多数決制度という特別な法的制度の問題として捉える、新しい会社法理論のもとでは、資本多数決制度は立法政策により認められた特別な制度であることから、その制度に基づく制度的利益を制限することは、立法政策により、十分に可能になるものと思われる。[5] また、この点に関連して、こうした立法政策の中で、例えば、ステイクホールダーの利益の考慮に関して、もし、株主の利益をかかるステイクホールダーの利益と結び付けることなく、ステイクホールダーへの影響をより柔軟に考慮することが、政策上合理的であると考えられるとすれば、そのような考慮を行うことも、容易に可能になるように思われる。[6] そこで、これらの点から、この新しい会社法理論のもとでは、例えば、立法政策により、会社の経営効率性を改良・促進させるような敵対的企業買収は容認しながら、逆に、優良・健全に経営されている会社から活力を奪うような敵対的企業買収は規制するというような、わが国で一般的に望まれている敵対的企業買収の規制のあり方について、[7] 外国法の基本的立場のように、買収者による支配の取得に関するスクリーニングの機能・制度を確立してゆくことも、これを、法理論的に、論理的整合性をもって、正当化しうるようになると思われる。[8] また、このように、会社支配を、資本多数決制度という特別な法的制度の問題として捉え、かかる特別な制度的利益の内容を、立法政策を木目細かく考慮しながら、明らかにすることにより、会社支配自体の内容も、法理論的に明らかにされると思われる。そして、その結果、すでに検討したように、[9] もし、会社支配自体の内容が、法理論的に明らかにされないならば、例えば、裁判所が、ある行為を対抗措置であるか否かを明確に判断することを困難にしたり、あるいは、買収者による支配の取得の予測可能性を減少させ、結果的に、敵対的企業買収に対するインセンティブを阻害する虞もありうるが、こうした結果、そのような虞を、解消しうるようになると思われる。

そこで、以上の点から、この新しい会社法理論のもとでは、会社支配を所有権と結び付けて捉える、伝統的な会社法理論にみられる、硬直的な結論を回避し、経営合理性及び具体的妥当性を確保した上で、法理論的にも、なお論理的整合性のある解決を導くことが、新たに可能になるように思われる。そして、そのことから、わが国において、対抗措置として認定さるべき第三者割当増資の公正性の判断について、その行為を適切に法的評価しうる法基準を確立してゆくことも、かかる新しい会社法理論のもとにおいて、新たに可能になるように思われる。

そこで、以上の検討から、第二章において示された、わが国における問題点である、対抗措置として認定さるべき第三者割当増資の問題について、結局、この課題は、株主は会社企業の実質的所有者であり、それゆえ、会社を支配しうるとする伝統的な会社法理論の枠組の中では、法理論上、解決することが困難であり、そこで、会社支配を、所有権とは区別された、資本多数決制度という特別な法的制度の問題として捉える、新しい会社法理論の中において、その解決の可能性が見出されることが明らかとされた。

それでは、この新しい会社法理論の中で、具体的に、各論的な問題点として、いかなる内容の法基準を、いかなる法形式で確立してゆくべきであろうか。また、その際に、外国法の基本的立場を、いかに活用してゆけるのであろうか。また、仮処分制度との関係は、いかになるのであろうか。これらの細部の問題点については、かかる新しい会社法理論は、現在もなお展開中の理論であり、また、この理論に固有の基礎理論とも密接に関連していることから、まず、そうした固有の基礎理論を詳細に検討することが必要になると思われる[10]。そこで、これらの細部の問題点については、こうした検討を十分に踏まえた上で、将来、それらについて、明らかにしてゆくことにしたい。

最後に、今後、わが国においても、ボーダーレス化や規制緩和の進展等により、経済社会がより競争的なものへと変化し、それに伴って、例えば、本書の冒頭で紹介した、一九九九年初夏の、ケーブル・アンド・ワイヤレス社による国際デジタル通信社の買収にみられるように、敵対的企業買収の事例が増加することが予想されるが、本書における研究が、かかる状況の中で、いささかでも貢献しうることを祈念する次第である。

(1) この点につき、すでに指摘したように、森（前掲第一章注14）、同（前掲第一章注21）、同（前掲第六章第一節注1）、同（前掲第六章第一節注5）、同（前掲第六章第三節注2）における各文献を参照。また、森淳二朗「コーポレート・ガバナンスと経営者の責任」沢野直紀=高田桂一=森淳二朗編『企業ビジネスと法的責任』（法律文化社、一九九九年）一二一頁もあわせて参照。

(2) この点に関連して、例えば、前田（前掲第五章第三節注14）二一五頁を参照。

(3) 以上の点につき、特に、森（前掲第一章注14）、同（前掲第一章注21）、同（前掲第六章第一節注1）、同（前掲第六章第一節注5）の各文献を参照。

(4) 本書の第六章第一節を参照。

(5) この点につき、特に、森（前掲第六章第一節注5）三一七頁、同（前掲第一章注14）「会社法理論の体系的修正——公正性とフレキシビリティーの会社法システムを求めて——」一三頁、同「会社法のモデル分析と株式会社支配の特質」六三八—六三九頁、同「株式会社の柔構造化——一本マスト型から三本マスト型の会社法へ——」八〇—八一頁を参照。

(6) この点に関連して、第六章第一節で検討したように、外国法の基本的立場では、対象会社の経営者に、株主にも何らかの合理的に関連のある利益が生じる場合に、ステイクホールダーへの影響を考慮して、対抗措置をとることを認めているが、このように、株主の利益に究極的に還元されなければならないという制限が置かれているのは、すでに同じ箇所で指摘したように、かかる外国法の基本的立場が、株主は会社企業の実質的所有者であり、それゆえ、会社を支配しうるとする伝統的な会社法理論の枠組の中で、なお社会の実態を反映させ、できる限りかかるステイクホールダーの利益を斟酌してゆこうとしているためであると思われる（もっとも、そこで明らかにされたように、かかる外国法の基本的立場は、このような伝統的な会社法理論に、法理論上、論理的整合性をもって、適合しているとはいえない）。そして、このように、株主の利益に究極的に還元されなければならないとして、株主の利益をステイクホールダーの利益と結び付けて考えると、すでに同じ箇所で指摘したように（特に、その注4を参照）、それでは、一体いかなる場合が、株主の利益に究極的に還元される場合といいうるのか、その判断基準が曖昧なものとなり、それに伴い、場合によって、経営者の大きな裁量の幅が濫用につながりかねない等の批判がありうることから、かかる場合には、経営者による会社利害関係者間の利害調整の判断基準について、これを法理論的に明確にしてゆくことが、さらに必要になると考えられる。しかしながら、この点に関連して、かかる新しい会社法理論のもとでは、会社支配を、資本多数決制度という特別な法的制度の問題として捉えることから、例えば、立法政策の内容如何によっては、本文で述べたように、ステイクホールダーへの影響をより柔軟に考慮することも、容易に可能になるように思われる。また、さらに、経営者による会社利害関係者間の利害調整の判断基準についても、（後述するように）立法政策の内容を木目細かく考慮することにより、これを明確にしてゆくことも可能になるものと思われる。

（7） この点につき、第五章第三節の注18の箇所、及び、そこで示された文献を参照。

（8） この点につき、特に、森（前掲第一章注21）「敵対的企業買収の法的規制と会社支配理論」六四七―六四八頁、及び、同文献の注11、20、同（前掲第一章注14）「会社法理論の体系的修正――公正性とフレキシビリティーの会社法システムを求めて――」一五頁、同「会社法のモデル分析と株式会社支配の特質」六四〇頁、同「株式会社の柔構造化――一本マスト型から三本マスト型の会社法へ――」八四―八五頁、及び、同文献の注19、22、23を参照。

（9） 本書の第六章第二節を参照。

（10） この点に関連して、この新しい会社法理論を提唱されている森淳二朗教授は、この理論に固有の基礎理論について、以下のように指摘されている。すなわち、このように、会社支配を、所有権とは区別された、資本多数決制度という特別な法的制度の問題として捉えると、「同じく会社の株主といっても、会社財産の管理という観点からみるとき、かかる資本多数決制度を利用して、例えば、株主総会決議以外の場で影響力を行使したり、追加的な経済的利益を享受したり、あるいは、取締役を選任することにより、会社財産の管理に関与できる株主と、そうした会社財産の管理から全面的に排除される株主とが存在することになる。つまり、このように、会社財産の管理という観点からみるとき、前者の株主は、取締役と協同して、会社財産の管理を行うのに対して、後者の株主は、そうした会社財産の管理から全面的に排除されていることになる。そこで、このようにみると、株式会社とは、伝統的な理論のように、株主が所有し、経営を他に委ねる企業形態とみるよりも、「総」株主が所有し、かつ、かかる資本多数決制度を利用して会社財産を管理しながら、経営を他に委ねる企業形態とみるべきではないか、ということになる。そこで、株式会社における利害対立としては、(ア)まず、その基本的な利害対立として、資本多数決制度を利用する株主と取締役の双方により構成される、(森教授の表現では)会社財産管理の連合体と、かかる会社財産の管理から全面的に排除される株主との間に、存在することになる。また、その他に、(イ)かかる会社財産管理の連合体の中でも、こうした資本多数決制度を利用する株主と取締役とは別人格であることから、この両者の間にも、利害対立が生じることになる。そして、さらに、(ウ)敵対的企業買収が行われる際には、現在の対象会社の取締役に敵対する形で、買収者により、株式の取得を通じて対象会社の支配の取得が行われることから、現在の取締役を支持している、既存の資本多数決制度を利用する株主に代わり、現在の取締役とは何の論理的な連動関係も持たない、新たな資本多数決制度を利用する株主＝買収者が出現することになるため、その場合には、かかる会社財産管理の連合体が崩れることになる。そこで、その際には、新たな資本多数決制度を利用する株主と現在の対象会社の取締役との間にも、利害対立が発生することになる。そこで、このように、会社支配を、所有権とは区別された、資本多数決制度という特別な法的制度の問題として捉えると、かかる資本多数決制度を利用した、会社財産の管理に関して、以上のように、三つの利害対立の形が存在することになる。そして、この点について、伝統的な理論では、株式会社の基本的な利害対立は、所有と経営の分離に伴う、いわゆるエイジェンシー・コスト（代理費用）の問題にみられるように、所有と経営の間にのみ存在するとして、いわば上述の(イ)に相当する利害対立のみを認識しているが、その他の(ア)及び(ウ)の利害対立については、これらを会社法の論理をもって法理論的に認識しているとは、いい難いことになる。そこで、これらの点から、(ウ)の利害対立の問題、すなわち、敵対的企業買収の問題については、現行法上、法の欠缺があることになり、結局、この利害対立については、それは、いわば会社の売買に資本多数決制度の利用を自由に認めるべきかという立法政策の問題に帰着することになる。そして、この問題の解決としては、立法論的に図られるべきである」と指摘されている。以上の点につき、特に、森（前掲第一章注14）「会社法理論の体系的修正――公正性とフレキシビリティーの会社法システムを求めて――」の文献、及び、同（前掲第六章第一節注１）の文献を参照。なお、第一章注14ですでに指摘したように、森教授は、現在もこの固有の基礎理論を発展させておられる。そして、その新しい考え方は、一九九九年の一〇月一一日に同志社大学で開かれた、「会社法学への問いかけ――新たなコーポレート・ガバナンスの模索――」をテーマとする日本私法学会商法部会のシンポジウムにおいて報告された。この点の内容につき、森（前掲第一章注14）「会社法学の再構築に向けて」の文献を参照。

あとがき

本書における研究は、以上で終わる。しかしながら、本書のはしがきでも述べたように、今日、本書のテーマである敵対的企業買収は、米国やヨーロッパを中心に、多発しており、それに伴い、今後、法制度、判例理論、学説等の状況も変化してゆくと予想される。

著者は、今後とも、これらの法状況をフォローしながら、調査研究を継続し、それを踏まえた上で、本書における研究について、特に、新しい会社法理論における具体的な各論的問題点を中心に、それをさらに発展させてゆきたいと考えている。また、現在、敵対的企業買収は国境を越えて生じ、世界的規模で発生していることから、今後、こうした国際間企業買収に関わる法的問題についても、調査研究を行ってゆきたいと考えている。

最後に、本書を上梓するにあたり、平成一二年度の科学研究費補助金(研究成果公開促進費)を交付して下さった日本学術振興会に対し、心より感謝の意を表するものである。

平成一二年八月一八日

徳本　穰

な行

は行

ま行

や行

ら行

わ行

索　引

あ行

か行

さ行

た行

〈著者紹介〉

徳本　穰（とくもと・みのる）

1967年８月　福岡県に生まれる
1990年３月　九州大学法学部卒業
1992年３月　九州大学大学院法学研究科修士課程修了・修士（法学）
1994年６月　米国イェール大学ロー・スクール LL.M.課程修了・LL.M.（法学修士）
1994年９月　米国イェール大学ロー・スクール客員研究員（1996年12月迄）
1997年３月　九州大学大学院法学研究科博士後期課程単位取得
1997年４月　九州大学法学部助手
1998年６月　博士（法学）・九州大学
1999年１月　文部省在外研究員・米国イェール大学ロー・スクールに派遣（同年３月迄）
1999年４月　琉球大学法文学部講師
2000年４月　琉球大学法文学部助教授
2003年４月　専修大学法学部助教授
2004年４月　専修大学法科大学院助教授
現在に至る

専　攻　商法・国際取引法

敵対的《てきたいてき》企業買収《きぎょうばいしゅう》の法理論《ほうりろん》

2000年11月15日　初版発行
2005年６月１日　初版２刷発行

著　者　徳　本　　穰
発行者　福　留　久　大
発行所　（財）九州大学出版会
〒812-0053 福岡市東区箱崎7-1-146
九州大学構内
電話　092-641-0515（直通）
振替　01710-6-3677

印刷／九州電算㈱・大同印刷㈱　製本／篠原製本㈱

ISBN 4-87378-656-8